BIBLIOTHÈQUE NATIONALE DE FRANCE
PARIS

DÉPARTEMENT DES IMPRIMÉS

PHOTO. BIBLIOTHEQUE NATIONALE DE FRANCE PARIS
REPRODUCTION INTERDITE SANS AUTORISATION

LES OEUVRES PROTEGEES PAR LA LEGISLATION SUR LA PROPRIETE LITTERAIRE ET ARTISTIQUE (LOI DU 11 MARS 1957) NE PEUVENT ETRE REPRODUITES SANS AUTORISATION DE L'ORGANISME DETENTEUR DU DOCUMENT ORIGINAL, DE L'AUTEUR OU DE SES AYANTS DROIT.

DANS L'INTERET DE LA RECHERCHE LA BIBLIOTHEQUE NATIONALE DE FRANCE TIENT UN FICHIER DES TRAVAUX RELATIFS AUX DOCUMENTS QU'ELLE CONSERVE.

ELLE PRIE LES UTILISATEURS DE LA PRESENTE MICROFORME DE LUI SIGNALER LES ETUDES QU'ILS ENTREPRENDRAIENT ET PUBLIERAIENT A L'AIDE DE CE DOCUMENT.

Camille GILARDONI.

LE POSITIVISME

Savoir, c'est savoir ignorer.

VITRY-LE-FRANÇOIS
TYPOGRAPHIE VVE TAVERNIER ET FILS.

1898

LE POSITIVISME

Camille GILARDONI.

LE POSITIVISME

Savoir, c'est savoir ignorer.

VITRY-LE-FRANÇOIS
Typographie Vve Tavernier et Fils.

1898

PRÉFACE.

Le Positivisme a tant fait parler de lui dans ce siècle, il a tant mis son empreinte sur les hommes et sur les choses, il a été si diversement jugé, et souvent si mal compris, qu'il était nécessaire que la critique s'en emparât pour édifier entièrement les générations présentes à son sujet. En cela, le Positivisme est un peu la victime des doctrines et des habitudes d'esprit qu'il a introduites dans le monde de la pensée. Car l'on sait combien il a été impitoyable pour tous les systèmes, combien il a raffiné l'esprit d'examen et d'analyse ; mais, s'il nous a rendus difficiles pour les autres doctrines, il nous a rendus aussi difficiles pour lui-même, et ce serait faire une injure gratuite au Positivisme que de ne pas employer, pour le juger, les méthodes qu'il a employées avec les systèmes dont il s'est fait le justicier.

Le Positivisme est, en effet, moins un système qu'une méthode. C'est une manière de comprendre et de classer la science humaine, un point de vue nouveau sur les origines et les accroissements de nos connaissances, une direction toute spéciale donnée à notre entendement, en un mot, une formule nouvelle du savoir qui condamne à l'obscurité toutes les formules anciennes. De là un état d'esprit caractéristique, qui n'est, ni l'esprit sceptique, ni l'esprit conjectural, ni l'esprit métaphysique, ni l'esprit mathématique : c'est une quintessence de tous ces esprits ; c'est l'intelligence, s'attaquant aux différents travers de notre intelligence ; c'est un amour de la clarté poussé jusqu'à la sécheresse ; c'est une synthèse s'érigeant sur la poussière des analyses et des dissections ; c'est l'âge de la maturité de la raison succédant aux âges de tâtonnements, de présomption et de folie.

Mais la raison humaine, même quand elle se fait justicière, ne peut échapper aux entraînements. Elle s'enivre d'elle-même, des clartés vraies ou fausses qu'elle provoque, des ambitions démesurées qui la sollicitent, de ce besoin d'évidence qui la travaille, de cet esprit classificateur qui est à la fois si séduisant et si trompeur ; et de tout cela naît une nouvelle sorte d'aveuglement qui ne vaut pas mieux que l'aveuglement de l'ignorance, un préjugé pire que tous les autres préjugés, parce que c'est après les avoir tous abolis qu'il règne en maître et que c'est dans l'éblouissement d'une fausse clarté qu'il vous dupe et vous aveugle.

Aussi avons-nous aujourd'hui à nous défier du trop de lumière qu'on voulait mettre dans nos connaissances ; et, tandis que les uns ont reconnu la méthode du positivisme comme infaillible pour arriver progressivement à tout connaître, les autres, par la même méthode, ont tellement borné le champ de nos connaissances, qu'à les entendre, la science serait plutôt condamnée à la timidité que vouée à ce magnifique essor qu'on a tant célébré à l'aurore de ce siècle. Il en résulterait, ce semble, que la méthode positive n'est pas la mieux appropriée à l'intelligence de l'homme, puisqu'elle lui dicte des conclusions si opposées ; et que le Positivisme, au lieu d'être, au dire de ses plus fougueux adeptes, la science absolue, définitive, n'est simplement qu'une des manières de considérer la science, manière propre à notre siècle, et sujette, comme toutes les autres, à bien des contradictions, à bien des inconséquences, et à bien des avortements.

C'est en voyant cette infirmité, cette insuffisance du Positivisme à satisfaire les ambitions de notre intelligence, qu'on peut en faire une critique juste et impartiale, accordant à cette doctrine les résultats féconds qu'elle a apportés, réprouvant les nouveaux préjugés qu'elle a accrédités, et c'est ce que l'on a essayé de faire dans ce travail, qui, s'il n'a pas l'ampleur qu'on pourrait désirer en une si vaste matière, a, du moins, le mérite de s'être efforcé de condenser les principes et les tendances du système, de manière à le rendre compréhensible aux esprits les moins imbus de philosophie.

Un vent de réaction souffle aujourd'hui contre le Positivisme. On le rend responsable de tous les maux d'Ilion ; on lui attribue, non sans raison, ce débordement d'esprit matérialiste, qui, sur les débris des croyances et des illusions séculaires, ne cherche que la satisfaction des appétits et le règne de la jouissance. Voilà pourquoi l'Académie des Sciences morales et politiques a fait, de la question du Positivisme, le sujet d'un de ses derniers concours. Le présent travail avait pour but d'y répondre ; mais il a mal compris les intentions de l'Académie, qui demandait plutôt un ouvrage de polémique contre le Socialisme qu'un ouvrage didactique. Malgré cette exclusion, l'auteur a cru qu'un exposé de la doctrine positiviste, dans toutes ses ramifications, même celles qui ne touchent pas aux questions brûlantes du jour, aurait un grand intérêt d'actualité, et que l'inventaire d'un système qui a marqué notre siècle d'une empreinte si profonde, qui a introduit des habitudes d'esprit et de raisonnement si nouvelles, qui a voulu édifier une religion sur la ruine de toutes les autres, qui a cru fixer à jamais la pensée errante de l'homme, était l'un des plus attrayants sujets qui puissent se poser à la méditation et à la curiosité humaines.

Sermaize, le 15 Juillet 1896.

C. GILARDONI.

HISTOIRE ET EXPOSITION
DU POSITIVISME
DISCUTER SES MÉTHODES, SES THÉORIES
ET SES APPLICATIONS

CHAPITRE PREMIER.

Idée générale du Positivisme. — Son fondateur. — Ses tendances.

Savoir, c'est savoir ignorer.

Le Positivisme est l'un de ces systèmes négatifs ou limitatifs de la science, comme il s'en est rencontré plusieurs dans les longues étapes de la science humaine. Car il s'est toujours agi de savoir si nous pouvons savoir quelque chose. Et, quand on avait réuni un fonds de science ou de ce que l'on croyait être la science, toujours se sont présentés des esprits pour l'infirmer ou la mettre en doute. Jusqu'à nos jours, ces négations ou ces réserves aboutissaient généralement au scepticisme ou au probabilisme, et l'on s'était plus occupé de ce que nous ignorons que de ce que nous pouvons savoir positivement. Enfin il s'est élevé de nos jours une doctrine croyant pouvoir fixer définitivement les bornes de notre savoir, et déterminer aussi ce qui, dans le bagage de nos aïeux, peut passer pour science solide. Cette doctrine est le *Positivisme*.

Depuis qu'il existe des hommes, les tendances positivistes ont toujours été à côté de la science à l'état de barrières, mais ces barrières ont été sans cesse balayées par le flot de la curiosité et de la présomption humaines. Il y a longtemps que Socrate parlait de ramener la philosophie sur la terre et déclarait que tout ce qu'il savait, c'était qu'il ne savait rien. Mais l'homme ne serait pas l'homme s'il savait ainsi ignorer. Il s'est, dès les origines de l'humanité, fondé une science dont les grandes ambitions n'ont jamais pu être efficacement réprimées : c'est la *Métaphysique*, autrement dit la science de ce qui nous dépasse ou de ce qui nous surpasse. Et la raison en était assez plausible, car, si nous ne savons pas les principes des choses, nous ne savons rien. Mais comment savoir les principes autrement que par divination ou par intuition ? Pouvons-nous pousser la chaîne de nos raisonnements jusqu'à l'extrême limite du raisonnement, jusqu'à la sphère des choses absolues ? Les Métaphysiciens l'ont toujours cru. Voilà pourquoi il y a toujours eu une Métaphysique. L'attrait de l'inconnu, la grandeur des problèmes, l'inquiétude de l'imagination humaine, la satisfaction de créer, l'ordonnance artistique de ces grandes constructions rationnelles, enfin le faible de notre raison qui est de n'être jamais assouvie, tout cela a donné à la Métaphysique une importance dont les annales de l'esprit humain font foi, et dont elle ne décherra, sans doute, jamais.

Néanmoins l'esprit positiviste, s'il n'a pas réussi à détrôner la métaphysique, a du moins déterminé certains arrêts dans la fureur métaphysique ; et l'on ne peut nier que ce soit lui qui, au dernier siècle, a provoqué, sous le nom de *philosophie*, une tendance absolument contraire à la philosophie régnante. Voltaire disait irrévérencieusement que « lorsqu'un homme qui ne s'entendait pas parlait à un autre homme qui ne l'entendait pas, c'était de la métaphysique. » — « Les souris, disait-il ailleurs, qui habitent les creux d'un bâtiment immense, ne se soucient pas de savoir quel en est l'architecte, ni pourquoi le bâtiment existe, ni pourquoi elles existent elles-mêmes. Elles ne s'occupent que de peupler ces trous, de se nourrir, et de propager leur espèce. Nous sommes les souris. » Ne voilà-t-il pas déjà, en quelques mots, tout le positivisme? Et l'Encyclopédie, ne trahit-elle pas le désir de condenser, pour le service de l'humanité, les quelques notions claires et précises transmises par la raison dans le cours des siècles? En un mot, l'on cherchait déjà, dans ce temps non pas à bannir le dogmatisme, mais à le régler. En faisant de la raison l'arbitre de toutes nos connaissances, on posait des bornes à la crédulité humaine ; mais en même temps l'on s'acharnait à nier et à démolir, ce qui est tout le contraire de l'esprit positif ; et l'on ne garantissait pas la raison contre l'enivrement de la raison, principe d'erreur aussi dangereux que tous ceux qui, dans le cours de l'histoire, ont égaré l'esprit des hommes.

Il ne faut donc chercher, dans la philosophie du dernier siècle, qu'une mince contribution à l'idée positiviste. On peut dire, avec plus de justesse, que le positivisme est le fruit de l'âge mûr de l'humanité, qui inventorie ses connaissances, qui fait le départ de celles qu'il croit assurées, et de celles qui lui paraissent douteuses, et qui allége son bagage pour mieux régler sa marche. A cet égard, certains grands esprits avaient pressenti la conception que le positivisme allait se faire de l'humanité. Bacon disait qu'elle ressemblait à un homme qui aurait toujours appris depuis l'origine du monde. Et Pascal, dans son fameux morceau sur « l'autorité en matière de philosophie », ne disait-il pas que «ce que nous appelons l'*Antiquité*, était la jeunesse du monde, que les Anciens étaient véritablement nouveaux en toutes choses et que nous sommes, nous, les Anciens ?» La science humaine était donc une tradition, tradition de mythes et de légendes, de songes creux et de vérités indiscutables, d'édifices solides et de bulles de savon. Ce n'est rien que de dire que le monde a été longtemps dupe : il faut expliquer ces duperies, montrer que, si l'humanité s'en est laissé accroire, elle était jeune et inexpérimentée ; qu'elle a passé par des âges de candeur et de foi naïve ; enfin que ce n'est que par degrés qu'elle est devenue raisonnable, et qu'il serait inexplicable qu'elle le fût devenue sans passer par toutes les phases qui séparent l'ignorance de la connaissance.

Telles sont les premières données de la philosophie positive. Et à travers les erreurs inévitables de la pensée humaine, elle cherche à recueillir l'héritage indestructible qui passe de générations en générations, et qui, sous le nom de science exacte, a produit les seuls fruits dont l'humanité ait le droit de s'enorgueillir. En même temps, elle note la méthode qui fait que ces sciences ne sont ni faillibles, ni chimériques; et jugeant de ce que l'esprit humain peut infailliblement parce qu'il a toujours pu sans se tromper, elle trace les limites de la crédulité et de l'assurance, et détermine le domaine dans lequel notre esprit peut se mouvoir sans craindre les illusions de l'imagination ni les prestiges de la fausse science.

Mais avant de faire ainsi le bilan des déchets et des conquêtes de la pensée humaine, la philosophie positive a dû se demander depuis quelle période l'esprit humain marche plus sûrement, et par quelle révolution ou évolution il est arrivé à donner à ses conquêtes l'appui et la solidité qui lui manquaient précédemment. En poussant son examen sur ce point, elle a trouvé que la pensée humaine ne progresse véritablement que depuis qu'elle procède rationnellement ; ce qui n'implique pas toutefois que les hommes des âges antérieurs n'aient fait que déraisonner. Les âges d'ignorance et de crédulité ont préparé l'âge de raison, de même que, dans l'homme, l'adolescence et l'âge mûr procèdent logiquement de l'enfance. Autrement dit, il y a toujours eu dans l'humanité une part suffisante de raison ; et les éclipses de la raison, qui ont été fréquentes, n'ont occasionné qu'un retard dans le progrès, mais non une déchéance.

Et, en effet, la conception du positivisme est celle qu'on ferait d'un homme qui aurait passé par trois grandes phases historiques : d'abord l'époque théologique qui consistait à diviniser les forces de la nature, et à mettre partout des dieux dans le monde ; puis l'époque métaphysique qui consistait à remplacer ces principes concrets par des principes abstraits, à supposer partout des forces occultes qui expliquaient tout facilement, mais qui ne s'expliquaient pas elles-mêmes ; enfin l'époque scientifique ou positive, qui supprime tous les dieux, tous les principes abstraits, toutes les entités métaphysiques, et se borne à constater, sous le nom des *Lois*, le cours permanent et régulier des choses.

Mais, en passant du préjugé théologique au préjugé métaphysique, et de celui-ci dans la période où nous nous vantons d'être, les hommes ont suivi un ordre rationnel, si bien qu'il serait difficile ou impossible de concevoir une humanité ayant progressé d'une autre manière que celle dont l'histoire nous offre l'exemple. Et c'est la proprement ce qu'on appelle le *Progrès* ; car, à moins d'accepter l'idée théologique de la perfection originelle de l'homme, on ne peut supposer autre chose qu'une humanité se perfectionnant sans cesse, quittant des erreurs pour ce qu'elle croit être des vérités, et acquérant peu à peu plus de virilité et de constance dans la recherche du vrai.

Aussi serait-il contraire à l'ordre des choses que ces grandes transformations se fussent opérées radicalement ou révolutionnairement. Il faudrait supposer des *hiatus* dans la marche de l'humanité, ce qui est l'invraisemblance même. Il est plus logique de concevoir que ces changements se sont opérés lentement par la loi de la caducité des choses. Et c'est ce qui explique pourquoi ni l'esprit théologique, ni l'esprit métaphysique n'ont jamais pu être entièrement éliminés du monde ; mais ils n'existent plus à l'état de principes oppresseurs et exclusifs. Il ne faut donc pas s'étonner qu'il puisse y avoir du théocrate dans le métaphysicien, et du métaphysicien dans le savant ; mais la petite dose des préjugés que peut contenir la cervelle humaine la mieux organisée ne prévaut pas contre la loi qui veut que la lumière se répande de plus en plus dans le monde.

C'est par ces idées d'ordre, d'enchaînement, de continuité, que le positivisme a tout d'abord conquis les intelligences. Il apportait un fort appui à la théorie de l'Evolution générale qui déjà s'essayait à dominer toute la science. Il y avait, du reste, depuis le dernier siècle comme un besoin irrésistible de trouver l'ordre et l'unité dans la variété des phénomènes. Montesquieu, dans son *Esprit des Lois*, avait cherché à démontrer que, si les phénomènes politiques varient, c'est des causes toujours constantes. Les physiocrates avaient cru trouver l'uniformité des lois économiques. Les lois, prétendues invariables, du progrès humain n'avaient pas été recherchées avec moins de curiosité. Condorcet s'y appliquait encore quand la hache du bourreau l'attendait. De même, en philosophie, on scrutait avec passion le problème de l'origine et de l'unité des choses. Les philosophes allemands commençaient à échafauder leurs constructions cyclopéennes. Enfin la philosophie de l'histoire naissait au monde avec Vico et Herder, et le hasard et le désordre étaient désormais bannis de la science historique et rejoignaient tous les vieux préjugés dans l'arsenal des erreurs et des folies humaines.

Toutes ces idées, éparses dans l'air au commencement de ce siècle, se condensèrent dans le cerveau d'un homme tout d'abord épris de précision mathématique, Auguste Comte. L'amour des sciences exactes le poussait à vouloir tout expliquer rationnellement. Mais il joignait à l'esprit mathématique une certaine dose de rêverie qui le jeta dans le Saint-Simonisme. Il n'y resta pas longtemps, car il n'était pas homme à adopter un système ou une religion, mais à en créer. Il jeta donc les bases d'une philosophie qui devait contenter ses tendances rationnelles, en prônant l'avènement du règne de la raison comme conséquence et couronnement de tout le travail social depuis le commencement des âges. Mais en même temps il traçait une limite aux ambitions de la raison en la cantonnant dans le domaine des phénomènes, et en lui interdisant absolument la recherche des causes. Ce n'est pas qu'il excluât absolument le domaine des conjectures ; mais sa philosophie, qu'il appelait le *Positivisme*, ne faisait entrer dans la science, c'est-à-dire dans les choses démontrées, que la connaissance que la raison humaine peut se faire du monde sans le secours de l'intuition, de la divination ou de la révélation. L'homme s'était fié pendant bien longtemps à ces derniers moyens de connaissance, mais sans aucun profit pour la science ni pour le bien-être des hommes ; et tout ce qui, à ses yeux, pouvait les légitimer quelque peu, c'est qu'il fallait les considérer comme les bégaiements d'enfance de l'humanité, et comme d'ingrates étapes dans la voie de la vérité.

Ces considérations lui faisaient jeter les yeux sur la suite des âges et des générations humaines, sur les longues éclipses de la raison, sur les sillons fugitifs laissés par les œuvres d'imagination pure, sur les traces fécondes et sûres laissées par quelques prophètes de la science ; et il se demandait si quelque loi fatale n'avait pas condamné les hommes à ce long obscurantisme, s'ils n'avaient pas erré avec méthode, et si l'avènement de la raison n'était pas comme un fruit qui devait mûrir lentement et longuement, enfin si l'expérience des âges même considérés comme barbares, n'avait pas puissamment aidé à notre expérience, et si l'humanité actuelle n'était pas comme la condensation de mille humanités passées dont elle ne peut rejeter l'héritage ni la filiation sans s'amoindrir ni même se déshonorer.

En justifiant ainsi le passé, Auguste Comte crut avoir trouvé ce qu'il appelait ambitieusement « la loi dynamique de l'histoire. » Mais il lui restait à chercher la loi du développement des sciences, afin de savoir si quelque règle fatale ne s'imposait pas à notre science même, et s'il eût été permis à l'homme de se développer scientifiquement autrement qu'il ne l'a fait. Pour cela, il supposait un positiviste prématuré, qui aurait vécu à l'aurore du monde. Comment aurait procédé la raison naissante de cet ancêtre devant tous les problèmes qui l'auraient sollicité ? D'abord il aurait observé les seuls phénomènes physiques, et, par la corrélation de ces phénomènes entre eux, il aurait jeté les bases de la future science physique que tant de grands savants ont illustrée de nos jours. Puis le hasard l'aurait initié aux mystères de la combinaison des corps ; il en aurait tiré la notion des composés, et, par une analyse élémentaire, déduit l'idée des différents éléments qui entrent dans ce qui nous paraissait d'abord si simple : il aurait donc ainsi fondé la belle science de la chimie. Ensuite, s'examinant lui-même, il aurait fini par trouver qu'il était un corps semblable à ceux qui peuplent le monde; et, s'apercevant que ce corps contient des phénomènes physiques et des phénomènes chimiques, il en aurait conclu que la vie consiste dans l'harmonie de ces diverses forces, et il aurait conçu l'idée de la biologie. Enfin, par l'habitude de comparer des faits, il en aurait tiré des idées de rapports, et en simplifiant ces rapports, il serait arrivé à la notion des mathématiques, notion qu'il eût appliquée à l'examen du ciel et au calcul du mouvement des astres ; et voilà la géométrie et l'astronomie fondées. Redescendant sur terre, il se serait demandé, en voyant ses semblables groupés autour de lui, et plus loin d'autres groupements, quels sont les rapports des hommes entre eux, s'ils sont faits pour vivre isolés ou en sociétés, quelles sont les lois de nature ou les conventions qui régissent ces rapports, et il en aurait tiré les principes de la *Sociologie*. Voilà quel eût été l'ordre des connaissances humaines, si l'esprit positiviste avait prévalu dès le début du monde civilisé.

Or ce qui fait la grande vraisemblance de cette hypothèse positiviste, c'est que la marche de la science a bien été à peu près celle-là, en ne comptant pas les arrêts, les sommeils, les réactions passagères, les périodes de doute et d'anarchie intellectuelle. N'est-ce donc pas déjà beaucoup de savoir comment la science a progressé, pour affirmer les moyens par lesquels elle progressera toujours ?

Telle est cette fameuse hiérarchie des sciences à

laquelle Comte tenait beaucoup, car il était naturellement ordonnateur, et il se persuadait avec raison que l'ordre dans les connaissances était l'une des principales conditions d'une bonne et solide connaissance. Mais ce n'était pas assez, selon lui, de bien classer les sciences, il fallait arriver au couronnement de toute science, sans laquelle on n'avait que des parties de connaissance, et qui devait être la sanction suprême de l'esprit positiviste. Car une science quelconque, quelque claire et parfaite qu'elle soit, n'est toujours qu'une des mille manifestations de l'intelligence ou de l'activité humaine. Mais il faut embrasser cette activité dans son ensemble, trouver l'œuvre ou la conception qui la résume ; il faut connaître, dans toutes ses palpitations, ce grand corps de l'humanité, en qui se concentrent toute la vie, toutes les luttes, toute la pensée des milliers de générations qui nous ont précédés. Il faut qu'une vaste synthèse réunisse en une seule science tout ce que les hommes ont senti, pensé et dit, et fait depuis qu'il existe des sociétés. Cette science suprême sera la *Sociologie*, ou, autrement dit, *la Science de l'Humanité*.

Cette vue, grande et belle, et qui a inspiré, dans notre siècle, de si importants et de si intéressants travaux, fut pourtant ce qui égara finalement Auguste Comte, tant il est vrai que la passion pour une idée tourne aisément au fanatisme ! Entraîné par une logique impitoyable, il se prit de plus en plus à personnifier cette grande abstraction de l'Humanité ; et il finit par en faire une sorte d'idole, à l'adoration de laquelle il convia tous les hommes. Il appela cette aberration, la *Religion de l'Humanité*. Après avoir flétri l'anthropomorphisme et l'anthropolâtrie, il se faisait le premier des anthropolâtres. C'est alors qu'il publia son fameux « Catéchisme positiviste » ou « Sommaire Exposition de la Religion universelle » qui fut comme l'Évangile de la nouvelle secte. Il n'entre pas dans le cadre de ce travail de donner le détail de toutes ces rêveries. Il suffira de dire que la sage discrétion du savant, les timidités de l'esprit positiviste, cette méthode si fructueuse qui promettait tant de belles conquêtes, tout vint sombrer dans la métaphysique ou dans la théurgie la plus obscure, la plus absurde et la plus tyrannique qu'on vît jamais. Ce fut spectacle pénible de voir cet ancien professeur de mathématiques traiter les mathématiciens d'esprits médiocres, et les sciences exactes de connaissances stationnaires ; cet homme si jaloux d'abord des libertés de l'esprit humain prôner la discipline des cloîtres, et une sorte de pontificat qui ressemblait au plus mauvais absolutisme. Aussi fut-il quitté par tous ceux qui avaient d'abord applaudi le fondateur du Positivisme. Mais cette désertion ne le rendit ni plus modeste ni plus raisonnable ; et, se retranchant de plus en plus du monde qui le méconnaissait, il monta sur le Sinaï, où il resta presque seul, avec deux ou trois fidèles, qu'il chargea, en mourant, de convertir le monde à la Religion de l'Humanité.

CHAPITRE DEUXIÈME.

Ambitions et timidités du positivisme. — Le négativisme. — L'agnosticisme. — Leur différence d'avec le positivisme. — L'évolution et la révolution. — Conception de l'histoire dans le positivisme.

De ce que l'humanité est considérée comme un grand corps solidaire et subissant une loi de succession inexorable dérivent une foule de conséquences qu'on retrouve, soit dans les écrits d'Auguste Comte, soit dans ceux de ses disciples.

Une telle conception exclut tout d'abord toute idée de solution, de discontinuité, entre les générations et leurs œuvres. Les hommes ne peuvent pas plus s'affranchir des erreurs de leurs prédécesseurs qu'ils ne peuvent se dispenser de profiter des vérités qui leur ont été transmises. Car si les erreurs humaines sont dans la logique des choses, elles en empruntent une sorte de vérité ou du moins de nécessité qui les amnistie en quelque sorte. Les grandes duperies de la théologie ou de la métaphysique rentrent dans l'ordre des choses ;

car, les hommes n'ayant pu devenir sages que progressivement, il eût été contraire à la sagesse même qu'ils l'eussent toujours été.

Une autre conséquence montre bien combien le positivisme diffère du scepticisme ou de ce qui lui ressemble ; car quoi de plus opposé à l'idée de la tradition que la négation ? C'est une rupture d'avec certaines idées qui sont entrées dans le patrimoine de l'humanité. Or le progrès se fait par accroissement et non par déchirement ; et, si certaines idées ont pu être bonnes pour leur temps et ne le sont plus pour le nôtre, il faut en conclure que la raison de nos ancêtres supportait des faiblesses que la nôtre ne supporte plus.

Voilà pourquoi Auguste Comte n'a jamais aimé les *négatifs*, et, s'il a appelé son système le *Positivisme*, c'est qu'il a tout d'abord cherché à se détacher de tous ceux qui n'apportent que des négations pour toute preuve. On peut dire que ce système élargit plutôt le dogmatisme qu'il ne le rétrécit, car il a pour fin dernière de tout comprendre, et, par conséquent, de tout justifier ; et, si jamais doctrine eut l'ambition d'être une philosophie générale, embrassant tout et comprenant tout, c'est bien le positivisme.

De là son dédain pour tout ce qui pouvait mettre des *hiatus*, des solutions de continuité dans l'ordre général des choses. Car c'est là une entreprise aussi téméraire que ridicule, et ceux qui entreprennent de tout bouleverser ne tentent rien moins que d'introduire dans le monde un élément qui n'y a pas droit de cité, à savoir le désordre. Ils conspirent contre la nature :

ils veulent en précipiter le cours, en régler la marche à leur fantaisie : c'est le comble de l'orgueil et de la présomption. Remarquez en outre que tous les révolutionnaires, en politique, en religion, en philosophie, n'ont cherché qu'à mettre des idées à la place des choses. Ce sont des métaphysiciens attardés, et les pires d'entre tous les métaphysiciens, car ils ont mis la violence au service de leurs idées : et, s'ils s'attaquaient à la métaphysique même, ils l'ont servie plus qu'ils ne lui ont nui, car il ne faut pas répondre à la métaphysique par la métaphysique, mais par la science. Ils ont été, en outre, les esprits les plus étroits du monde, car ils n'ont eu aucune idée du développement, de l'évolution des choses, et ils ont voulu que les hommes fussent sages plus tôt qu'ils ne pouvaient logiquement l'être.

C'est dans cet esprit qu'Auguste Comte critique la philosophie du dernier siècle, et défend le positivisme de toute solidarité avec ces doctrines qu'il appelle « la métaphysique du négativisme. » Il raille quelque part Voltaire et Rousseau d'avoir établi l'anarchie mentale. (1) Et les raisons qu'il en donne ne sont pas sans valeur : « De sa nature, dit-il, cette métaphysique, au lieu de lier les tendances actuelles de l'humanité à l'ensemble des transformations antérieures, représentait la société sans aucune impulsion propre, sans aucune relation avec le passé, indéfiniment livrée à l'action arbitraire du législateur ; étrangère à toute saine appréciation de la sociabilité moderne, elle remontait

---

(1) Voir le tome VI du *Cours de philosophie positive*, et le tome III du *Système de politique positive*.

au-delà du Moyen-Age, pour emprunter à la sociabilité antique un type rétrograde et contradictoire ; enfin, au milieu des circonstances les plus irritantes, elle appelait spécialement les passions à l'office le mieux réservé pour la raison. C'était cependant sous un tel régime mental qu'il fallait s'élever à des conceptions politiques heureusement adaptées à la vraie disposition des esprits et aux impérieuses exigences de la plus difficile situation. (1) »

Et dans un autre de ses ouvrages : « La dispersion des pensées, dit-il, était devenue telle, que la doctrine négative divisait ses propres partisans en sectes irréconciliables. Mais le désordre mental se manifesta surtout envers le point de vue historique, d'où devait pourtant émaner l'unique solution. Les deux écoles incomplètes tendirent à l'écarter irrévocablement, l'une en systématisant la réprobation spontanée du Moyen-Age, l'autre en faisant ouvertement abstraction de tout passé, sauf pour accréditer ses utopies subversives d'après une vicieuse appréciation de l'antiquité.

« Quant à la réaction sociale, on conçoit facilement les ravages d'une doctrine qui faisait, sous chaque aspect, consister la perfection humaine dans l'état de non-gouvernement. Moralement, après avoir développé les atteintes du protestantisme envers le régime domestique jusqu'à méconnaître tout mariage, le déisme altéra directement la discipline personnelle en autorisant le suicide et préconisant l'orgueil ou la vanité. Politiquement il acheva de discréditer la division des

(1) *Cours de philosophie positive*, édition 1877, tome VI, page 305.

deux puissances en s'efforçant d'instituer directement la suprématie absolue du nombre, de manière à ne laisser d'autres garanties d'ordre matériel que la violence et la corruption. » (1)

On ne sait ce qu'il faut le plus admirer, dans ces passages, du mépris du sens propre, ou de ce que les philosophes du dernier siècle appelaient *la raison*, ou bien de l'horreur qu'a le positivisme pour toute révolution. Il fait rentrer les hommes dans cette suite inexorable des choses, et sacrifie les raisons particulières à la raison générale qui est la garantie de la succession logique des événements. C'est en ce sens que le positivisme a commencé la réhabilitation du Moyen-Age, si longtemps considéré comme une époque de torpeur et de stérilité mentale. Vous méprisez le Moyen-Age ; vous vous lamentez sur ces siècles de ténèbres ; vous cherchez à les oublier et à tendre la main aux Grecs et aux Romains ! Aveugles, qui ne voyez pas que le Moyen-Age est l'anneau d'une chaîne, qu'il a sa place dans l'évolution des âges, et qu'il s'y est préparé silencieusement bien des choses dont nous jouissons aujourd'hui. Le monde moderne est incompréhensible sans le Moyen-Age, comme le Moyen-Age est incompréhensible sans l'antiquité. Bien plus, vous croyez que votre philosophie a renouvelé la face de la terre, qu'elle ne procède que de vous, *sine matre creata*, que vos immortels principes sont sortis de vos cerveaux vierges, comme Minerve du cerveau de Jupiter.

Erreur ! C'est le Moyen-Age qui a produit votre

(1) *Système de philosophie positive*, tome III, page 585.

philosophie. Le mouvement d'affranchissement des communes, un double mouvement scientifique et industriel se dessinant dès le XI° siècle en opposition à l'état militaire et à l'état théocratique : voilà vos auteurs, et la Révolution que vous croyez avoir faite et provoquée l'a été par des milliers d'ouvriers conscients ou inconscients, autrement elle serait incompréhensible, car un grand fait de l'histoire ne se produit que lorsqu'il est préparé, et la prétendue spontanéité de vos principes n'est qu'un mirage que vous devez au préjugé métaphysique.

Ainsi parle Auguste Comte, et c'est ce qui le pousse à chercher, dans toutes les époques qui paraissent être des époques de dissolution et d'anarchie, le fil conducteur et sauveur qui lie les générations aux générations, les coutumes aux coutumes, les institutions aux institutions et assure la suite de l'humanité. Ce ne sont pas généralement de grands esprits qui opèrent cette transition. Ils ont trop de personnalité ; ils font des enjambées ; ils sont toujours en avant ou en arrière de leur siècle ; ils ont la prétention de ne se lier à rien, ou bien s'ils donnent la main à quelqu'un, c'est aux séraphins. Non, ce sont généralement des esprits de second ordre, qu'on croit souvent rêveurs et chimériques, que leur génération ne comprend pas bien, parce qu'ils ne lui appartiennent qu'à moitié, et préparent l'avenir, mais qui prennent leur revanche dans les siècles futurs, parce qu'on les reconnaît comme des pères ou des prophètes. Tel Erasme au moment de la Réforme : tel Diderot au dernier siècle, qui, le premier, conçut l'idée d'une évolution physique et philosophique.

Ce fut là, selon Comte, le sauveur de l'idée organique et positive : « Avant que l'école politique, dit-il, eut distinctement surgi, l'énergique sagesse de Diderot avait institué l'atelier encyclopédique pour le faire suffisamment concourir avec l'école philosophique. Une telle concentration tendait à rappeler le but organique au milieu du travail critique, en ramenant toujours la pensée vers la construction d'une synthèse complète. Ce mode comprenait aussi la disposition antihistorique de la troisième phase, soit en donnant à l'histoire un accès direct, soit surtout d'après la filiation des conceptions scientifiques. » (1)

Ce qui veut dire, en bon français, que Diderot, tout en étant parfois négatif, et donnant la main aux grands négateurs et aux grands démolisseurs, était plutôt hanté par des idées de synthèse, de reconstruction, d'ordre, de filiation, d'évolution ; et c'est ainsi que, même au milieu d'un chaos intellectuel apparent, la grande et inéluctable suite du genre humain est toujours sauvegardée par quelque pionnier en qui reluit le flambeau salutaire et conducteur.

Il s'ensuit que le positivisme ne reconnaît pas, dans l'histoire, ce qu'on appelle généralement des accidents, c'est-à-dire qu'il en exclut la part du hasard, de ce que le grand Frédéric appelait « Sa Majesté le Hasard. » Ce que Pascal disait « du nez de Cléopâtre » et « du grain de sable de Cromwell » ne rentre pas dans la philosophie de l'histoire selon le positivisme. Comment concilier ce qu'on appelle des accidents avec le passage

---

(1) *Système de politique positive*, tome III, page 581.

lent et graduel de l'humanité d'un état dans un autre ? Car ou bien ces accidents ne sont que les avant-coureurs d'une révolution sociale, et alors ils sont stériles et n'ont ni durée ni portée ; ou bien ils ne sont qu'une exécution, une solution, et l'accident ne fait que précipiter la chute d'une chose caduque. Examinez, en effet, toutes les révolutions, et vous verrez qu'il y a en elles deux parts, la part de la passion humaine qui n'a qu'un instant, et la part de la logique humaine qui refait souvent, à contre-biais, l'œuvre qu'on a voulu démolir. Dans toute crise sociale, il y a un mouvement de recomposition. L'un est plus rapide que l'autre, parce que ce qui doit périr est déjà naturellement décomposé, tandis que les fondements de l'œuvre à recomposer, quoiqu'ils existent déjà virtuellement, ne sont pas aisés à mettre au grand jour au milieu des ruines. Ces deux travaux contradictoires se font donc simultanément : de là des chocs, des embarras, des inconséquences, l'impatience fébrile des démolisseurs, la méthode lente des reconstructeurs, les uns voulant la sélection à leur idée, les autres cherchant les matériaux de liaison devant relier l'état des choses ancien à l'état nouveau. C'est ce retard de la tendance organique ou réorganisatrice sur la tendance destructive, qui est la vraie cause des violences des révolutions.

Mais, pour reconstruire efficacement, il faut quelque chose qui puisse s'opposer avec fruit aux violences des passions humaines, aux illusions de la métaphysique politique, aux témérités de l'esprit constitutionnel : cette chose, ce sont des despotismes passagers. Car l'ordre, quoiqu'il soit au fond des choses, a besoin d'être aidé ; il a besoin d'un instrument. Les transitions d'un état social à un autre sont orageuses ; il faut qu'en ce cas un homme commande aux passions humaines. De là la nécessité de dictatures temporaires ménageant la transition d'une forme sociale à une forme subséquente. Ces dictatures sont tellement nécessaires et tellement naturelles, qu'elles se forment toujours, soit sous la forme d'une oligarchie, soit sous la forme d'une monarchie absolue ; et c'est le défaut ou plutôt le retard d'une telle dictature qui fait que souvent les révolutions opèrent plus de mal qu'elles ne font de bien. (1)

Pour sauvegarder la société en l'absence d'un principe d'autorité non encore universellement reconnu, ces dictateurs peuvent adopter toutes les formes, même la forme théologique ou théocratique, même la forme scolastique, car l'essentiel étant de combattre le négativisme et de renverser de vieilles idoles métaphysiques, toute conception autoritaire conspire au rétablissement de l'ordre et à l'avènement de la religion positive. « Aussi, nous dit Comte, a-t-on trop méconnu l'immortelle école qui surgit, au début du XIXe siècle, sous la noble présidence de de Maistre, dignement complété par de Bonald, avec l'assistance poétique de Châteaubriand. Elle discrédite systématiquement le négativisme. (2) » Il suffit de lire ces passages pour voir qu'Auguste Comte est plus épris d'organisation que de liberté, et c'est proprement l'organisation de

---

(1) *Cours de philosophie positive*, tome VI, page 312. — Selon Comte, Danton fut l'un de ces dictateurs nécessaires.

(2) *Système de politique positive*, tome III, pages 602-603.

l'humanité qui est la pierre de touche du système. « Car, nous dit-il encore, un libre essor développe naturellement des différences quelconques, surtout mentales et morales ; en sorte que, pour maintenir le niveau, il faut toujours comprimer l'évolution. » (1) C'est par ces tendances que le positivisme confine aux doctrines démocratiques modernes de nivellement social, et que, par de trop grandes vues sur l'humanité, il sacrifie cette unité, principe de vie, de liberté et de mouvement, qu'on appelle l'homme.

(1) *Système de politique positive*, tome I, page 378.

CHAPITRE TROISIÈME.

L'homme suivant le positivisme. — La biologie. — Le fatalisme organique. — La théorie des milieux.—Modificateurs externes, soit généraux, soit spéciaux de l'organisme. — Théorie de l'intelligence. — Stérilité de la psychologie, traditionnelle, suivant le positivisme.

L'ambition du positivisme étant de créer un nouvel état d'esprit dans l'humanité, cette doctrine devait commencer par une nouvelle conception de l'homme. Car, de la manière dont l'homme s'examine lui-même dépendent en grande partie et les systèmes, et les dogmes, et les religions mêmes, et ce n'est pas à tort que l'on a appelé quelquefois l'homme le miroir de l'humanité. Or le positiviste exalte et diminue à la fois l'homme, il l'exalte par les magnifiques horizons qu'il ouvre à la science ; mais il le diminue en ne le considérant plus comme un être privilégié, et en l'englobant dans la vie générale des êtres.

L'homme devient donc un organe de l'organisme universel ; et, s'il ne se perd pas dans la collection des êtres, il est du moins perdu dans ce grand organisme particulier qu'on appelle l'humanité. Il en résulte que la science de l'homme n'a plus cette importance qu'elle avait dans la plupart des anciens systèmes philosophiques, où il était toujours considéré comme une sorte d'arbitre de l'univers. Elle devient « la Science des hommes », ou autrement dit « la Science de la vie de l'humanité. »

Et, en effet, la méthode du positivisme étant de ne voir que des phénomènes, et des relations de phénomènes qu'il appelle des *lois*, tout ce qui pourrait faire de l'homme un principe, une cause indépendante, ou comme on dit en philosophie un *noumène*, lui est naturellement suspect, non pas qu'il le nie, mais il ne veut pas le savoir. De plus il prétend que l'homme, comme sujet, ne peut pas s'observer comme objet ; il ne peut que constater, comme en observant le monde extérieur, une suite de phénomènes ou de modifications; mais, comme il ne peut savoir que par leurs résultats si ces phénomènes ne sont pas des illusions, des idoles de son imagination, il s'ensuit que la connaissance de nos fonctions intellectuelles ne peut pas être inductive, mais déductive, et que, pour étudier l'homme, il faut étudier des milliers d'hommes, dans des milliers de circonstances, dans des périodes plus ou moins longues, qui permettent de voir si les résultats qu'on en déduit sont bien durables. Si l'on veut se dispenser de ce travail, on fait de la métaphysique; on crée des entités, c'est-à-dire des êtres, des facultés imaginaires, des causes occultes ou autres, qui ont tant stérilisé l'ancienne psychologie.

La prétention de cette science était d'isoler l'homme du monde. Mais peut-on l'isoler ? et que reste-t-il de l'homme abstrait, quand on a fait table rase des causes, des influences, des courants, de toutes les fatalités qui pèsent sur lui ? L'homme n'est homme qu'en tant qu'il participe des lois générales ; et c'est la manière dont ces lois influent sur lui qui importe et non la manière dont il pourrait s'y soustraire. C'est ce qui est *nécessaire*, ou *nécessité* en lui comme dans les autres créatures qui peut faire l'objet d'une science ; et, si son esprit, qui a passé jusqu'à ce jour pour être un agent libre et indépendant, peut être soupçonné d'être déterminé, conditionné comme tous les agents de ce monde, il y aura bien une science de l'esprit, mais ce ne sera pas la science de l'esprit proprement dit : ce sera la science des lois et des conditions de l'esprit.

Et cela est si vrai, que la psychologie, en réalité, n'a jamais pu avoir un autre objet, car le principe spirituel a toujours été un principe supposé, et il ne coûte pas beaucoup au positivisme de faire le sacrifice de cette supposition. Si l'on avait jamais pu établir scientifiquement l'existence d'un agent spirituel, échappant à tous les conditionnements, la science de l'esprit serait celle d'une sorte de microcosme, où les procédés d'étude échapperaient aux conditions ordinaires de la science. Mais, comme l'on n'a jamais conclu que théoriquement à l'existence d'un domaine indépendant, la science positive peut bien, pour n'avoir que des certitudes, faire abstraction de ces conclusions prématurées, et n'envisager que les phénomènes, autrement dit les fonctions spirituelles.

Telle est la conception du positivisme sur l'homme. A ses yeux, il n'est qu'un organe, c'est-à-dire un des chaînons de l'universelle trame, dont le tissu se déroule depuis l'origine du monde. En ce sens, sa vie, spirituelle ou physique, se rattache à celle de tous les autres êtres organisés. Elle se rattache même à celle des êtres inorganiques, car il n'y a pas d'hiatus dans la nature. Sa vie importe à la vie générale ; et c'est pourquoi, à proprement parler, il n'y a pas d'anthropologie ou de psychologie : il n'y a qu'une science générale de la vie des êtres qu'on appelle la *biologie*. Cette science primordiale est l'étude des conditions de la vie, soit physique, soit intellectuelle. Quand l'on dit *vie*, on dit *organisation*; et l'organisation est l'adaptation de la vie au milieu dans lequel se meuvent les êtres. La vie est partout dans le monde, mais l'organisation n'est pas partout. Néanmoins, comme il n'y a pas d'*hiatus* dans la nature, il faut qu'il y ait une transition entre la vie inorganique et la vie organique. Certains philosophes allemands qu'on appelle *naturistes*, ont cru voir une sorte de règne intermédiaire des deux vies dans l'air et dans l'eau, milieu général à tous les êtres. Que ce soit une hypothèse ou non, il n'y a de vrais milieux que ceux qui modifient l'organisation de chaque être suivant des lois déterminées. Ces milieux créent l'organisme spécial dont seulement la science peut s'occuper. L'organisme lui-même se subdivise en organes qui ont chacun leur fonction nécessaire et fatale. De sorte que vous pouvez déduire de l'un à l'autre, et dire que vous avez trouvé l'organe quand vous aurez trouvé la fonction, ou réciproquement.

Cela posé, l'on trouve néanmoins certains principes qui jettent un peu de trouble dans cette déduction rigoureuse. Ce sont ces milieux modificateurs de l'organisme qu'il faut que l'on arrive à discipliner pour que la science de la biologie ait quelque netteté. Et c'est là la partie laborieuse de cette science. Car la vie va se compliquant de plus en plus dans l'échelle des êtres, et l'organisation, qui en est inséparable, varie de tant de manières, qu'il est de plus en plus malaisé de trouver un centre organique pour chaque catégorie d'êtres vivants. Ce ne serait rien, en effet, s'il n'y avait que des milieux naturels : l'analyse en viendrait facilement à bout. Mais l'homme s'en crée sans cesse d'artificiels ; et, l'organe étant sans cesse assujetti à de nouvelles influences, les fonctions elles-mêmes changent dans cette évolution perpétuelle. « A travers tous les temps, nous dit Herbert Spencer, les organismes ont été exposés à des successions constantes et incessantes de causes modificatrices, qui acquièrent peu à peu une complexité à peine concevable. » Il en résulte qu'il n'y a pas d'autre alternative pour l'organisme que de périr ou de s'adapter au nouveau milieu. Il en résulte aussi que les organismes les plus forts sont les seuls qui résistent ; les autres languissent et meurent ; et alors s'opère cette sélection naturelle dont la découverte est le titre de gloire du grand Darwin. Ainsi le positivisme confine au *transformisme*, et c'est par la biologie qu'il a contribué à répandre l'idée de ces lois martiales, draconiennes et inexorables de la vie qui pèsent tant sur l'esprit des modernes générations.

CHAPITRE QUATRIÈME

La psychologie positive. — De générale cette science devient particulière. — L'homme est un produit. — Le génie est une névrose. — Hippolyte Taine. — Origines du positivisme anglais. — Psychologie de Stuart Mill.

Le mot de *psychologie* est néanmoins resté dans la philosophie positive pour exprimer l'étude de certains états mentaux de l'humanité, ou encore la science particulière des phénomènes mentaux. Et il semble que, plus l'ancienne psychologie était chassée du domaine de la science pure, plus l'on s'attachait à la faire revivre par petites fractions. Et cela découlait de la conception que le positivisme se faisait des lois dans la vie. L'homme est conditionné de tant de manières, il est si divers suivant les influences qui le tyrannisent, qu'une seule psychologie ne suffirait plus pour l'étudier. Il en faut mille : psychologie de chaque espèce, de chaque race, de chaque peuple, de chaque homme. Telle est la tâche immense à laquelle se sont voués les continuateurs d'Auguste Comte et la psychologie s'est glissée peu à peu partout pour nous offrir ces analyses morales si fines et si délicates dans lesquelles notre siècle excelle. Elles dérivent toutes d'une conception fataliste de la nature de l'homme que les positivistes ont inaugurée parmi nous.

Ils ont ôté à l'intelligence humaine tout ce qu'elle peut avoir de génial, de spontané, et l'ont si bien conditionnée de tant de manières que, étant donné tel milieu, tels ancêtres, telles influences, telle manière de vivre, un grand homme en devait naître aussi fatalement qu'un homme ordinaire naît d'un autre homme. Car il faut rompre avec les préjugés d'autrefois, qu'un grand esprit se fait : non, il est fait. Cet ensemble harmonieux de qualités que vous admirez, c'est une somme accumulée par une suite de générations. Le grand homme était en germe dans une série d'ascendants : il s'épanouit un jour dans un sujet qui termine le cycle de la genèse d'un individu rare. Mais ce n'est pas en lui seul que vous devez l'étudier. Vous ne comprendriez pas. Il faut analyser son père, sa mère, ses aïeux, ses entours ; voir quel était son tempérament, nerveux, bilieux ou sanguin ; quelle était sa nourriture intellectuelle, quel effet produisaient sur lui le climat et l'atmosphère morale ambiante, quelles étaient ses passions de prédilection, l'influence de ses proches et de ses amis; et, quand vous aurez fini tout ce travail, vous comprendrez enfin que *l'homme est un produit.*

Reste à savoir pourquoi cet homme, qui subissait les influences que subissent tant d'autres hommes, s'est élevé si fort au-dessus de l'humanité commune. Les anciennes écoles n'ont qu'un mot pour expliquer cette supériorité : le *génie.* Mais qu'est-ce que le génie ? Le génie n'est que l'hypertrophie d'une faculté : c'est une maladie, c'est une névrose. Vous trouvez le génie chez les fous, chez les hallucinés ; et la folie est tellement subtile qu'en vérité l'on hésite parfois à ne pas confondre les fous et les inspirés. Cette exaspération des facultés de l'esprit n'a donc rien de surnaturel, elle n'est que maladie. Un homme de génie est un esprit démesuré. Pourquoi ? Parce qu'il n'est pas, à proprement parler, un seul homme : il est toute une lignée d'hommes qui se sont condensés, sublimés, épanouis en lui. Et ce fruit de l'œuvre des siècles, du travail des esprits, de l'évolution des générations, loin d'être surnaturel, est, au contraire, tellement naturel, qu'on s'étonnerait qu'il ne se fût pas produit ; et le génie rentre ainsi dans l'organisation sociale, de même que ces fruits rares, œuvre de la sélection naturelle, qui condensent en eux le suc de mille lignées de fruits.

Telle est la psychologie qu'un homme affamé de méthode, d'analyse, d'évolution, de fatalisme, Hippolyte Taine, a essayé d'introduire dans la philosophie positive, et dans tout le domaine de la critique. Et ce ne sont pas seulement les anomalies humaines, les raisons qu'un homme a d'exceller, qu'il a tenté de rattacher ainsi à une loi d'airain, mais aussi toutes les particularités, les difformités, les monstruosités sociales, qu'il étudie avec une passion égale aux fortes et singulières passions de ces héros. Il n'a cessé qu'il n'ait tout compris, tout légitimé, tout passé au crible de son impitoyable analyse. Les vices et les vertus, les actions admirables et les actions sordides, les conceptions grandioses et les conceptions avortées, tout trouve en lui un peintre curieux, indulgent, indifférent, car ce qui est bon ou mauvais dans l'homme n'est-ce pas « un produit, comme le sucre ou le vitriol ? » N'étudie-t-il pas des phénomènes aussi indifférents en soi que l'orage ou le beau temps, le soleil qui fait mûrir les moissons, ou le foyer incandescent qui ébranle les continents, et recouvre les plaines fécondes d'un amas de cendres ? Et c'est ainsi que s'est fondée une nouvelle esthétique qui fait sortir à tout jamais le *beau* du domaine de la convention, qui conditionne le beau ainsi que le goût, qui ne veut plus que nous ayons des raisons intimes de trouver les choses belles ou laides, et qui, sans amnistier précisément les faits que nous trouvions jusqu'à ce jour horribles, les adoucit et les excuse quelque peu par la vertu d'une fatalité complaisante.

Pendant que cette nouvelle psychologie s'infiltrait dans le monde, la psychologie doctrinale, considérée comme l'étude des phénomènes primordiaux de l'esprit, continuait à avoir ses adeptes, malgré l'ostracisme dont l'avait frappée Auguste Comte. Ceux qui avait adopté les doctrines positivistes tenaient à cœur, au contraire, de montrer qu'il pouvait y avoir une psychologie positive, et les problèmes moraux les attiraient par leur difficulté et leur complexité mêmes, si bien qu'ils jugeaient qu'il ne pouvait y avoir de philosophie positive complète sans psychologie, ni psychologie féconde sans infiltration d'esprit positiviste.

Les tendances comtistes devaient trouver, dans l'empirisme anglais, un terrain éminemment favorable. Aussi, les principaux philosophes anglais de la première moitié de ce siècle, qui étaient, pour ainsi dire, positivistes avant la lettre, se rencontrèrent-ils avec Auguste Comte, sur les principaux points de sa doctrine, sans cesser, pour cela, d'être Anglais, c'est-à-dire particularistes.

Il y avait, en effet, en Angleterre, au commencement de ce siècle, un fougueux logicien qui résumait et complétait, dans une philosophie absolument empirique et utilitariste, les fameuses théories de Bentham, qui avaient tant réjoui les matérialistes et scandalisé les idéalistes. C'était John Stuart Mill. Ce dissecteur impitoyable portait son analyse dans tous les plis et replis de l'être humain. Il se disait psychologue, et il n'affirmait rien sur l'existence de l'esprit : il ne voyait, dans le monde, que des phénomènes que la philosophie devait relier aux autres par des lois devenues nécessaires, en quelque sorte, par leur constante répétition. Il coopérait donc à l'œuvre du positivisme, avant que cette doctrine se fût systématisée sous le génie rigide d'Auguste Comte.

Il se fit d'abord l'ennemi de l'école écossaise en se déclarant contre leur doctrine, que notre esprit peut atteindre les choses, et non seulement leur représentation. Il prétendait que nous ne percevions que des idées représentatives des choses, en quoi il aboutissait à ce phénoménalisme universel, qui est la base du positivisme. Puis, appliquant ce principe à ce que nous pouvons connaître de l'homme par la perception, il produisait sa théorie psychologique de l'esprit et de la matière, qui rentre si bien dans les données d'Auguste Comte. Selon lui, l'opposition tranchée, vulgairement admise, entre ce qu'on appelle *l'esprit*, et ce qu'on appelle la *matière* n'a aucun sens. Il n'y a que des phénomènes qui nous apparaissent ; les uns comme internes, les autres comme externes : nous ne savons rien de plus. Stuart Mill se place à ce point de vue phénoméniste, et s'y établit avec une puissance d'analyse dont on ne trouve peut-être pas d'autre exemple parmi les philosophes contemporains. Sa conclusion est que la matière peut être définie « une possibilité permanente de sensations », et que l'esprit peut être défini : « une série d'états de conscience actuels, avec une base d'états de conscience possibles. »

De là une logique tout originale qui renverse toute la base de l'ancien raisonnement. On ne connaissait que l'analyse et la synthèse. On allait du général au particulier, ou du particulier au général, et ce qu'on appelait « les idées générales » passaient pour être les fonds solides de notre connaissance. Stuart Mill opéra toute une révolution en proclamant que nous n'allons que du particulier au particulier : que les propositions générales ne sont qu'un fantôme de notre esprit, qu'elles ne sont en réalité qu'un groupe de propositions particulières, que nous réunissons artificiellement pour aider notre mémoire ; et que, si nous avions assez de mémoire, si nous pouvions retenir dans notre esprit le détail et la somme de tous ces groupements, nous pourrions raisonner fort pertinemment sans employer aucune proposition générale.

On peut juger si une telle logique comblait d'aise les positivistes avoués ou non avoués qui, à la suite de Comte, se déchaînaient contre les fantômes de l'ancienne métaphysique. En établissant le phénoménisme général, en ne voyant dans le monde que des successions de phénomènes, en établissant dans cette succession des rapports nécessaires qu'il appelait *lois*, en bannissant toute recherche des causes, Stuart Mill posait, en quelque sorte, les Tables de la Loi de la nouvelle philosophie. En ce même temps sortait de l'Ecole normale un jeune professeur tellement épris de philosophie, ayant tant de gravité et de profondeur naturelles, que ses camarades ne l'appelaient que *le Philosophe*. C'était Hippolyte Taine. Il dévora Stuart Mill comme il avait dévoré tous les philosophes anciens et modernes. Mais il n'était pas homme à être disciple de quelqu'un. Il était naturellement analyste, et l'analyse n'est pas faite pour engendrer des cultes ni des apothéoses. Néanmoins il était porté naturellement au phénoménisme, à l'idéalisme positiviste : il haïssait les systèmes métaphysiques et les ténèbres de l'ontologie. Il s'attacha donc à justifier ce penchant au positivisme par une étude minutieuse des facultés et des bornes de l'esprit humain, et, trouvant dans Stuart Mill les mêmes tendances, il s'efforça, tantôt en l'appuyant, tantôt en le combattant, à donner, de concert avec lui, au positivisme ce qui lui manquait encore, et ce que son fondateur avait paru dédaigner : une psychologie.

La grande erreur d'Auguste Comte, suivant Stuart Mill, avait été de reléguer la psychologie parmi les épaves de l'âge métaphysique. Il oubliait ainsi la vraie mission du positivisme, qui était de changer la direction de notre esprit, de créer un état d'esprit différent de ceux qui avaient pu aveugler les générations précédentes. Cela étant, pourquoi bannir une science ? pourquoi proscrire la psychologie ? pourquoi la croire plus susceptible de créer des fantômes que toutes celles que vous espérez revivifier par votre système ? Il n'y a pas de science fausse, il n'y a que des esprits faux. Conservons toutes les sciences ; ne changeons que les méthodes. Il n'en est aucune qui ne puisse devenir positive, si elle est fondée sur l'expérience et vérifiée par elle ; et le positivisme ne doit pas borner le champ de nos connaissances, mais le revivifier par une méthode rationnelle et logique.

Or n'y a-t-il pas des phénomènes mentaux comme il y a des phénomènes physiques et sociaux ? Pourquoi ne pourrait-on pas les classer, les analyser, et en faire des groupes dont l'on établirait les relations ? La science des facultés et des phénomènes de l'esprit doit être la première de toutes, car, de la manière dont nous pouvons conduire notre esprit dépend, et la légitimité de notre connaissance et le développement dont elle est susceptible. Comme il est l'instrument de la science, nous ne pouvons rien savoir de vrai, s'il est faux, et nous ne pouvons pas même savoir s'il est juste si nous n'en avons éprouvé la justesse. Etudions donc les phénomènes de l'esprit, et voyons s'ils sont susceptibles de lois comme les autres. Cela posé, que voyons-nous en nous-mêmes ? se demande Stuart Mill. C'est une certaine trame d'états intérieurs, une série d'impressions, de sensations, de pensées, d'émotions et de volontés. Ainsi nous ne savons, de l'esprit et de la matière, que des états et des changements. Nous ne composons l'un et l'autre que de données isolées et transitoires : une chose n'est pour nous qu'un amas de phénomènes. Ce sont là les seuls éléments de notre science : partant, tout l'effort de notre science sera d'ajouter des faits l'un à l'autre, ou de lier un fait à un fait.

Mais c'est là que commence la difficulté de la science. Car ce n'est pas tout d'observer : il faut que nous enregistrions les faits, autrement ils nous échapperaient, et fuiraient, comme dit Bossuet « d'une fuite éternelle. » Il faut qu'ils restent dans notre esprit, non sous une forme sensible, mais sous une forme idéale, qui les caractérise tellement bien, qu'elle ne convienne qu'à eux, et non pas à un autre. Cette forme est le *nom*. Mais qu'est ce que le *nom* ? La subtilité des philosophes de tous les temps s'est essayée sur cette question, tant ils ont compris que de la manière de concevoir le *nom* dépendait, non seulement la clarté du langage, mais encore la solidité de la science ! Les uns ont cru que le nom exprimait l'essence des choses, les autres qu'il n'était que leur représentation. Condillac disait « que la science n'était qu'une langue bien faite. » La question reste donc toujours actuelle, car ce qui a engendré le jargon métaphysique, c'est l'insuffisance et la témérité de la métaphysique. Mais il est évident que la conception du *nom*, et par suite la connaissance des choses, dépendent des bornes que nous mettrons à notre connaissance. Si nous pouvons pénétrer l'essence des choses, les noms que nous leur donnerons réfléteront autant que possible leurs caractères intimes. Si nous ne voyons que des phénomènes et des accidents, les noms ne seront que des signes représentatifs de qualités purement sensibles.

C'est cette dernière manière de concevoir le nom qui est celle de Stuart Mill, et l'on voit qu'elle dépend de la donnée première de l'école positiviste. Les noms étant ainsi les formes idéales des phénomènes, ils se lient les uns aux autres, comme les phénomènes eux-mêmes, suivant des rapports de convenance, de ressemblance, d'antécédents ou de conséquents. Cette liaison forme les propositions, et la *proposition* n'est pas autre chose que l'affirmation que fait notre esprit de l'existence d'un fait et de sa relation avec d'autres. Comme cette relation existe toujours, la proposition comprend toujours au moins deux termes, dont l'un est le conséquent de l'autre. Les propositions initiales ou fondamentales seraient celles qui nous renseigneraient sur la nature ou sur l'essence des choses. Ce seraient les vraies *définitions* : mais nous sont-elles possibles ? Les anciens logiciens le croyaient, et ils se payaient de mots. Leurs définitions concernant l'essence des choses (*essentiels propositions*) ne nous apprennent rien. Elles expriment deux fois la même chose sous deux termes différents, d'abord par un mot abréviatif, ensuite par une locution développée. En disant par exemple : « Le soleil est un astre lumineux », on ne dit rien de plus que « Le soleil est le soleil » Ne pouvant donc exprimer l'essence, nous ne pouvons exprimer que les qualités sensibles des choses ; et ce sont les seules propositions ou définitions qui soient fécondes, puisque la logique humaine ne peut dépasser les bornes mêmes de notre science.

Si nous étions de purs esprits, ou que nos facultés pussent atteindre tout leur développement, la vérité ressortirait pour nous de l'intuition des choses, mais nous ne pouvons la percevoir que par représentation ou par voie de conséquence. De là la nécessité du raisonnement, d'abord pour justifier les apparences sensibles qui s'offrent à notre esprit, et puis pour lier infailliblement un phénomène à un autre. De même que les propositions sont des groupes de noms, le raisonnement est un groupe de propositions. Pour les Anciens le type du raisonnement était le syllogisme. Le syllogisme reliait trois propositions, comme par exemple :

> Tous les hommes sont mortels ;
> Or le prince Albert est un homme,
> Donc il est mortel.

Dans ces trois termes, il y a une proposition générale concernant tous les hommes qui aboutit à une conclusion particulière concernant un certain homme, parce que, disent les logiciens, la seconde est contenue dans la première. Du général on passe au particulier, parce que le particulier est compris dans le général. Mais c'est précisément, dit Mill, parce que le particulier est compris dans le général, que votre syllogisme ne m'apprend rien. En parlant de tous les hommes vous avez parlé en même temps du prince Albert. En affirmant votre première proposition, vous affirmiez votre dernière. Or, comme une vérité doit être ouvrière de vérité, votre syllogisme ne remplit pas cette condition. Sa conclusion ne m'apprend rien : elle n'est point fructueuse : elle est purement verbale. Le raisonnement en est réduit à des substitutions de mots. Serait-ce là le but auquel notre science doive prétendre ?

Non, dit Mill. L'instrument de votre science est

faux : il faut le redresser. Vous croyez que le raisonnement humain va du particulier au général ou du général au particulier ? Erreur : il va dire du particulier au particulier. Vos prétendues propositions générales ne sont qu'un amas, un répertoire de faits particuliers. Vous posez en principe que l'homme est mortel. D'où le savez-vous ? Vous le savez du fait que Jean, Pierre, Paul, Thomas sont morts. C'est la seule preuve que vous possédiez de la mortalité du prince Albert. Vous vivriez dix vies d'hommes, et vous auriez en outre le témoignage de vingt générations, que vous n'auriez jamais d'autre raison de justifier la mort d'un homme que des milliers de morts particulières. La généralisation est un fantôme de notre esprit. Elle n'ajoute pas un iota à la preuve ; et c'est ce qui fait que c'est l'expérience ou la mémoire seules qui nous permettent de généraliser.

Il en est de même des axiomes. On appelle communément ainsi des propositions générales, qui, dit-on, ne peuvent être vérifiées par l'expérience, et sont tellement évidentes par elles-mêmes, qu'elles n'ont pas besoin d'être démontrées. D'où l'on conclut que l'expérience des faits ne nous est pas nécessaire pour former un jugement. On pose, par exemple, en principe que « deux lignes droites ne peuvent enclore un espace. » Mais comment formons-nous ce jugement ? C'est par l'expérience que nous avons de la nature de la ligne droite. Si nous ne pouvons suivre, dans tout leur développement deux lignes droites qui se suivent sans se rencontrer, notre imagination y pourvoit ; elle suit les lignes droites que nous avons tracées sur le papier ;

mais c'est l'expérience de la ligne droite qui suggère l'imagination de la ligne droite ; et si cette imagination arrivait jamais à concevoir deux lignes droites arrivant à être enveloppantes sans fléchir, c'est alors que vous pourriez dire que la science peut se passer de l'expérience. Mais c'est justement parce que l'imagination continue l'expérience, qu'elle ne vaut que par elle. Et c'est précisément parce que l'imagination, pour ces sortes de faits, reproduit exactement la sensation et ne la contredit jamais, que le contraire des axiomes mathématiques est inconcevable, et que les axiomes mathématiques sont évidents et nécessaires.

Mais pour bien fonder la logique qui nous est indispensable pour raisonner et pour vivre, pour lier la chaîne de nos raisonnements, il reste un abîme à combler. Quoique l'expérience nous fasse défaut, quoique notre vie si courte ne forme qu'un point dans l'enchaînement des choses, quoique la faiblesse de notre nature et de nos organes nous condamne à l'accidentel, au contingent, au passager, nous avons une tendance invincible à former des propositions générales et soi-disant nécessaires, à conclure des faits que nous voyons que les faits se passeront toujours de la même manière. Ici l'imagination ne suffit plus pour nous guider, car nous avons beau l'allonger démesurément, nous n'enfantons que des raccourcis de vérités qui ne nous apprennent rien sur le cours général des choses. Nous avons, il est vrai, la tradition, l'histoire. Mais, si notre propre expérience est si délicate, que dire de l'expérience de nos aïeux, qui contredit si souvent nos données, que c'est une des sciences les plus difficiles d'y démêler le vrai et le faux ? Dans cet embarras, on a cru faire merveille en recourant à un axiome : l'uniformité des lois de la nature. Mais qui ne voit que c'est une pétition de principe ? On allègue l'uniformité des lois de la nature pour expliquer cette uniformité. Or c'est précisément cette uniformité qui est à trouver. On répond à la question par la question.

Comment donc lier les faits aux faits, les phénomènes aux phénomènes, de manière à former un tissu sans failles ni lacunes qui mérite le nom de science exacte ? Il est impossible de le faire sans avoir recours à une notion métaphysique, celle de *cause*. Mais ne nous méprenons pas sur le sens de ce mot scolastique. Nous n'avons pas, comme le prétendent les spiritualistes, l'idée de cause en nous-mêmes : nous n'avons que l'expérience de successions *invariables* qui nous donnent la notion de cause. Car quelle que soit l'exiguïté de notre expérience et la contingence de nos connaissances, nous pouvons toujours distinguer entre ce qui est variable dans le monde et ce qui ne l'est pas. Nous voyons que certaines successions de phénomènes sont invariables, et l'expérience des siècles nous prouve qu'elle a toujours été invariable. Nous pouvons donc, sans témérité, en conclure que, cette invariabilité venant à cesser, le monde, tel que nous le voyons, cesserait ou viendrait à changer. Or, comme c'est le monde seul dans lequel nous vivons qui nous importe, et que nous ne pouvons faire, sur l'existence d'autres mondes, que des conjectures hasardeuses, ne pouvons-nous pas en induire l'uniformité des lois de notre monde, sans rien en conclure pour l'ordre universel ? Car il y a beaucoup à parier pour que l'ordre soit le même partout, et qu'une portion du monde participe des lois générales du monde. Cette grande vraisemblance suffit à donner au lien causal une grande solidité, qui s'accroît encore quand nous restons dans les bornes de notre petit univers. Et voilà tout le secret de l'idée de *cause*.

La cause est l'ordre de succession d'un antécédent invariable à un conséquent invariable. Mais, dira-t-on, la succession, même invariable, n'implique pas la nécessité, et il n'y a pas de cause sans nécessité. — Sans doute, répond Mill, mais ce que vous appelez *nécessité* est encore un fantôme métaphysique. Une succession qui se fait sans aucune condition, est une succession nécessaire. Quand je dis que le nuage produit la pluie, il ne faut pas d'autre condition pour produire la pluie. Le nuage est donc la cause nécessaire de la pluie. Quand, au contraire je dis que le fer produit des machines, je n'énonce pas une relation de cause à effet, puisqu'il faut d'autres conditions que le fer pour produire des machines, il faut le travail de l'homme, un coefficient de chaleur, le calcul mécanique. Le fer n'est donc pas la cause nécessaire des machines. En d'autres termes, la nécessité n'est que l'inconditionnalité et pas autre chose. Et, si nous passons du monde physique au monde animé, cette loi n'est pas contredite. Quelle est la cause nécessaire qui produit nos actions ? C'est notre volonté. La volonté qui agit sous conditions est-elle encore la volonté. Non, elle n'est volonté que parce qu'elle n'est sollicitée par rien. (1) Elle est au-dessus des

(1) *Sic volo, sic jubeo, sit pro ratione voluntas.*

conditions : elle produit donc nos actions corporelles comme le froid produit la glace, ou comme une étincelle produit une explosion de poudre à canon. Ainsi la loi de la causalité a le caractère d'un fait. Tout dépend donc de l'expérience, et notre science n'est qu'un résultat d'expériences. Elle n'a qu'à dégager les liaisons causales que présente la nature, et conclure que si d'un phénomène découle un autre phénomène sans exception ni condition, cette succession est la vérité. Tel est l'objet de *l'induction*.

Mais l'induction n'est possible que lorsque les phénomènes ou les faits peuvent être isolés ou analysés. Or il est des phénomènes tellement complexes, et dont les éléments se lient si bien dans toutes leurs parties, que cette œuvre d'élimination et d'analyse n'est plus possible. Cette difficulté si grave se rencontre dans presque tous les cas du mouvement, car ce mouvement est la plupart du temps une résultante. Il est le produit de forces souvent contraires, et si bien amalgamées, qu'on ne peut savoir la part qui revient à l'une ou à l'autre. Dans ce cas la méthode d'induction ne produit que la stérilité. Il faut donc tourner l'obstacle et c'est ici qu'apparaît la dernière clef de la nature, la méthode de *déduction*. Nous quittons le phénomène, nous nous reportons à côté de lui, nous en étudions d'autres plus simples, nous établissons leurs lois, et nous lions chacun d'eux à sa cause par les procédés de l'induction ordinaire. Puis, supposant le concours de deux ou de plusieurs de ces causes, nous concluons, d'après leurs lois communes, quel devra être leur effet total. Nous vérifions ensuite si le mouvement donné est exactement semblable au mouvement prédit, et, si cela est, nous l'attribuons aux causes d'où nous l'avons déduit. C'est le raisonnement de Newton, de La Place, de Le Verrier, tellement fécond qu'il a renouvelé la conception des lois du monde. « C'est à cette méthode, dit Mill, que l'esprit humain doit ses plus grands triomphes. Nous lui devons toutes les théories qui ont réuni des phénones vastes et compliqués sous quelques lois simples.(1) »

Et pourtant, quelle que soit la rigueur de ces méthodes, Stuart Mill confesse qu'il leur manque la base qui seule pourrait leur donner une vérité absolue, la conception des premiers principes des choses. Car elles supposent la constance des lois de la nature, et nous n'en savons rien ; elles supposent une certaine nécessité dans la suite des phénomènes, et nous n'en savons rien : elles simplifient tout suivant la portée de notre esprit, et la nature, loin d'être la simplicité, paraît être la complexité même. Nous croyons que l'expérience est une règle, une, uniforme ; et au contraire, elle se fragmente, elle s'éparpille tellement suivant nos différents modes de percevoir, que, étant donné la nature diverse de nos sensations, il nous est impossible de savoir si l'une confirme l'autre, et que c'est une entreprise au-dessus de nos forces de ramener l'expérience à l'unité. D'autre part le domaine de notre expérience est limité dans le temps et dans l'espace : le fait qu'elle observe est borné et amené par une infinité d'autres qu'elle ne peut atteindre. Elle est obligée de supposer ou de recon-

(1) *Histoire de la littérature anglaise*, par H. Taine, article Stuart Mill.

naître quelque état primordial d'où elle part et qu'elle n'explique pas. Aussi Mill ne rejette-t-il pas l'idée du surnaturel dans l'arrangement du monde, mais il l'admet à l'origine des choses, et non comme un accident venant déranger des lois fixes. La science positive peut s'en passer, sans doute, puisqu'elle n'enregistre que des faits, mais le grand *postulatum* n'en existe pas moins, non comme humaine, mais comme science supra-humaine. « Nous sommes donc chassés irrévocablement de l'Infini ; nos facultés et nos sensations n'y peuvent rien atteindre ; nous restons confinés dans un tout petit cercle ; notre esprit ne porte pas au-delà de notre expérience ; nous ne pouvons établir entre les faits aucune liaison universelle et nécessaire. Le hasard, comme dit Démocrite, est peut-être au fond des choses. Ce que nous appelons des *lois* ne sont peut être que des accidents. Les êtres seraient semblables à des nombres, à ces fractions qui, selon le hasard de deux facteurs primitifs, tantôt s'étalent et tantôt ne s'étalent pas en périodes régulières ; et telle est la science que permettent à l'homme la faiblesse de ses facultés et les bornes de sa raison. (1)

(1) *Histoire de la Littérature anglaise*, de Taine, à l'article Stuart Mill.

CHAPITRE CINQUIÈME.

La psychologie suivant Taine. — L'abstraction. — La raison explicative des choses. — La métaphysique positiviste.

Les conclusions qui précèdent infirment les données du positivisme même, car elles créent une science humaine sans fondement ni envergure, et peu s'en faut qu'elles ne mènent au scepticisme idéaliste. Aussi l'effort d'Hippolyte Taine a été de rétablir, contre Stuart Mill, tout le dogmatisme possible du positivisme. Il a essayé de donner à l'induction toute sa portée en lui permettant l'accès des vérités générales. Il a essayé de ramener nos sensations à l'unité par la conception d'un centre sensitif. Il a essayé de dégager l'idée de la nécessité de l'ensemble des faits contingents et accidentels. Enfin il affirme qu'il n'y a aucune témérité à prétendre que la science humaine puisse arriver un jour à être totale sans cesser d'être positive, ce qui serait le triomphe complet du positivisme. Entrons un peu dans le détail de cette rigoureuse analyse. (1)

(1) Les idées que nous développons dans ce chapitre sont empruntées en partie au chapitre de l'*Histoire de la Littérature anglaise* concernant Stuart Mill, et en partie au curieux ouvrage de l'*Intelligence*, surtout au dernier chapitre qui contient en quelque sorte, la métaphysique du positivisme.

Le principe dont parle Taine est qu'il n'y a de science que de ce qui est nécessaire, et que l'analyse humaine avec ses merveilleux instruments, serait condamnée à abdiquer, si elle ne trouvait pas, au bout de ses entreprises, ce que Leibnitz appelait la *raison suffisante des choses*. Car remarquez que la logique de Stuart Mill n'a établi, en fait de causes, que des relations invariables, mais non nécessaires, et que les idées auxquelles il arrive, si elles acquièrent un certain caractère de généralité, ne sont générales que pour le monde dont nous avons conscience, et dans lequel elles se localisent faute de pouvoir s'étendre au Grand-Tout. Par conséquent elles ne peuvent former les bases que d'une science contingente, d'une sorte de probabilisme scientifique. Or la science des causes ou des lois premières peut, selon lui, aller plus loin, et établir des probabilités telles, qu'elles équivalent à la certitude absolue.

Dans cet esprit, Taine fait de l'éclectisme à sa manière, et ne craint pas d'emprunter beaucoup aux philosophies dont il proclame la caducité. Il est surtout frappé des gigantesques constructions de l'idéalisme allemand. Bien que se basant théoriquement sur l'expérience, il quitte volontiers les régions de l'expérience pour errer dans celles de la métaphysique. Les mathématiques pures lui sont aussi d'un grand secours, et il augure du triomphe complet de la raison par tout ce que la raison a déjà résolu ou deviné. Enfin il est hanté de l'idée d'une *raison explicative* des choses, et il termine ses recherches par une grande hypothèse, comme tous les philosophes, qui, de quelque complexion qu'ils ont été, ont médité sur le grand problème de l'origine des choses.

Il s'attaque donc au problème de l'*Intelligence* comme étant celui qui doit nous donner la clef de tout le savoir humain. Mais qu'est-ce que l'intelligence ? C'est la faculté de connaître. Cette faculté est-elle un don spécial de notre esprit ? Est-elle comme disent les Allemands, objective ou subjective ? Sommes-nous appelés à comprendre, à connaître les choses, par une prédisposition de notre entendement, ou bien notre entendement les reflète-t-il, comme ferait une glace ? En d'autres termes, que percevons-nous ? Les choses ou la représentation des choses ? C'est devant ce problème que Taine commence par une profession de foi tout-à-fait idéaliste. Nous ne percevons pas les choses, mais la représentation des choses.

Mais la percevons-nous par une prédisposition de notre intelligence, ou cette intelligence n'est-elle que la résultante de nos idées représentatives ? Il y a beaucoup à parler pour cette dernière supposition. Car qu'est-ce que l'intelligence en soi, autrement dit l'esprit ? C'est une entité, c'est un fantôme métaphysique. En supposant même qu'il existe, ce que nous ne saurons jamais, puisqu'ici le sujet et l'objet se confondent et qu'on ne peut les séparer, passons-nous de l'hypothèse de l'esprit pour expliquer les phénomènes de l'esprit.

Nous nous trouvons, en effet, devant une succession de phénomènes qui nous affectent différemment. Comment nous affectent-ils ? Par le moyen de nos sens. Otez les sens : vous aurez beau vous ingénier, vous ne trouverez pas d'autres moyens de connaissance. On peut donc répéter, avec Condillac, que l'événement intérieur primordial qui constitue nos connaissances est la sensation. Mais les différentes sensations, qui nous affectent différemment ne sont qu'un principe de désordre et de confusion, car ce que je vois avec les yeux et ce que je sens avec les mains sont pour moi deux mondes différents, si je ne parviens à ramener l'une des sensations à l'autre. Supposez, en outre, que le témoignage de tel ou tel sens contredise le témoignage de tel autre, comme, par exemple, lorsque ce bâton qui me paraît courbé dans l'eau, je le sens droit en le saisissant de la main. Si je ne puis rectifier, par un autre témoignage, cette perception confuse et contradictoire, nous n'aurons qu'une science contradictoire et partant confuse. Or ce n'est qu'avec des perceptions claires que nous pouvons fonder une science claire. Il est donc de toute importance que nos sensations puissent être ramenées à l'unité.

C'est pour arriver à ce résultat que Taine accumule tout un monde d'expériences physiologiques et autres, d'où il tire la conclusion que nos sens se corroborent et se complètent l'un et l'autre, et que, ce que le hasard, la maladie ou un accident ôtent momentanément à l'un ou à l'autre nous est rendu avec usure d'un autre côté. Il semble, en effet, que ce soit comme une loi de nature que les sensations qui nous restent s'affinent de toute l'acuité de celles que nous avons perdues. La finesse du tact est pour l'aveugle comme une seconde vision ; et la finesse de l'ouïe le prémunit contre les chocs possibles. Or, si nous pouvons, avec un sens de moins, avoir une perception aussi adéquate des choses que si ce sens nous appartenait encore, n'en peut on pas conclure que la sensation dépend moins de nos différentes sensations que d'une harmonie entre ces sensations, et conséquemment qu'elle est une et non multiple ?

Mais supposez en outre toutes ces perfections aussi parfaites, aussi concordantes que possible, elles ne créeront jamais dans votre intelligence autre chose qu'une image, c'est-à-dire une illusion qui demande à être vérifiée ou rectifiée. C'est en ce sens que Taine nous dit que « la perception est une hallucination. » Car vous voyez, dans votre sommeil, des images qui vous paraissent aussi vraies que celles qui assiègent votre cerveau quand vous êtes réveillé. Le délire, dans l'état de maladie, vous ouvre un monde fantastique qui nous subjugue avec une puissance extraordinaire. Et l'hypnotisme crée un sommeil artificiel qui produit des suggestions telles, que le sujet hypnotisé a, dans ce qu'on lui suggère, une foi absolue. Cela revient à dire que nous sommes tout-à-fait passifs dans la sensation, et que, dans ce premier état de la connaissance, nous ne pouvons aucunement distinguer entre ce qui est illusion et ce qui ne l'est pas. Ce sont des matériaux de connaissance, et non la connaissance que nous acquérons ainsi.

Or, que nous présentent ces premières images ? Des successions de phénomènes. Nous en formons des groupes, suivant qu'ils paraissent avoir entre eux certains rapports, soit de descendance, soit d'identité. Mais ces rapports ne sont que de purs fantômes, tant que nous n'aurons pas créé entre eux une liaison qui les soude, pour ainsi dire, les uns aux autres d'une manière irrévocable et nécessaire. C'est dans la conception rationnelle de cette liaison que consistent tout le secret et toute la force de la Logique. Or, il n'y a que deux manières de la concevoir. Ou elle est dans notre esprit, ou elle est dans les choses. Du parti qu'on prendra à cet égard dépend, non seulement toute la philosophie, mais encore toute la science humaine ; car, si cette liaison n'est qu'une illusion, nous serons condamnés au scepticisme absolu ; si, au contraire, nous pouvons justifier cette liaison, et rectifier aussi dans dans notre esprit l'hallucination que crée dans notre cerveau la représentation primordiale des choses, la sensation sera *hallucination vraie*, et notre science sera légitime et féconde en merveilleux résultats.

C'est sur cet important sujet que se sont divisées les deux grandes écoles de philosophie qui se sont partagé les esprits dans notre siècle. Le père de l'idéalisme moderne, Kant, n'a vu dans cette liaison qu'un effet nécessaire de la structure de notre esprit. C'est cette structure qui opère l'attache, et les liaisons entre deux ou plusieurs idées représentatives n'existent pas dans leur nature intrinsèque, mais dans le milieu mental où elles ont été introduites. Mon esprit n'a pas constaté leur liaison, il l'a fabriquée. Il faut donc admettre que les propositions que nous formons par la liaison de deux phénomènes nous révèlent une fatalité de notre esprit et non aux liaisons des choses.

« Dans le cercle étroit où notre expérience est confinée nous pouvons bien, par induction, établir qu'approximativement les données sensibles correspondantes sont liées ; mais affirmer qu'en tous lieux et en tous temps ces données abstraites sont liées et liées nécessairement, cela ne nous est pas permis ; nous n'avons pas le droit d'imposer aux faits une soudure qui n'appartient qu'à nos idées, ni d'ériger en lois des objets un besoin de sujet. » (1)

De là l'*idéalisme subjectif*, et tous les systèmes de la moderne philosophie allemande. Nous avons vu que Stuart Mill, en partant d'un principe opposé, aboutit à des conclusions analogues. Il constate, entre les phénomènes, une soudure souvent invariable, mais n'en peut conclure à sa nécessité, car cent ou même une myriade de rencontres, de faits ou de phénomènes ne nous prouvent pas que cette rencontre n'est pas l'effet du hasard, et il y a un abîme entre la généralité des faits et leur nécessité.

Contre ces conclusions Taine proteste avec toute l'énergie de son tempérament essentiellement fataliste. « Non il n'est pas vrai, dit-il à Kant, que la liaison de nos idées soit une création de notre cerveau. Cette liaison n'est pas une suite, c'est un emboîtement. Les idées générales contiennent les idées moins générales, comme un grand vase contient un vase plus petit. D'où il suit que, le contenu ne pouvant être séparé du contenant, la liaison qui est insurmontable entre nos idées est indestructible entre leurs objets. »

— « Vous dites, objecte-t-il d'autre part à Stuart Mill, vous dites que deux idées ou deux jugements ne sont liés que par induction, et que l'induction ne peut constater entre elles qu'une rencontre constante, c'est-

---

(1) Taine, de l'*Intelligence*.

à-dire une simple association de faits. Vous mutilez l'esprit humain. Car vous ne pouvez rien tirer pour la science de deux ou de mille rencontres de faits. Il y a quelque chose qui se superpose à l'expérience des faits et à l'expérience de leur association, c'est l'idée de *cause*, qui est tellement fatale en nous que, sans elle, l'induction même, que vous déclarez la maîtresse principale de la science, serait absolument téméraire. D'où vient cette idée de cause ? De la raison ? Non. De l'expérience ? Non. Elle vient d'une faculté moyenne entre l'intuition et l'observation, capable d'atteindre les principes et les vérités absolues. Vous l'avez dédaignée : vous avez passé à côté d'elle sans la connaître. C'est l'*abstraction*.

Supposons donc, comme vous l'avez fait, qu'il n'y a au monde que des faits et des lois, c'est-à-dire des événements et leurs rapports, et que toute connaissance consiste à lier ou à additionner des faits. Mais ces faits, quelque élémentaires qu'ils vous paraissent, sont des composés. Ils sont la complexité même. Pouvons-nous les décomposer ? Assurément, comme vous-même avez décomposé les circonstances qui accompagnent l'apparition d'un fait par votre méthode d'élimination pour écarter tout ce qui est accessoire et ne laisser que le principal. Mais, en agissant ainsi, vous n'avez abouti encore qu'à un résultat complexe. Pouvons-nous de même décomposer ces données complexes en données simples ? Oui, par l'abstraction. « Cette faculté magnifique, source du langage, interprète de la nature, mère des religions, et qui différencie l'homme de la brute, c'est le pouvoir d'isoler les éléments des faits et de les considérer à part. Mes yeux suivent le contour d'un carré, et l'abstraction en isole les deux propriétés constitutives, l'égalité des côtés et des angles. Mes doigts touchent la surface d'un cylindre, et l'abstraction en isole les deux éléments générateurs, la notion du rectangle et la révolution de ce rectangle autour d'un de ses côtés pris comme axe. Cent mille expériences me développent, par une infinité de détails, la série des opérations physiologiques qui font la vie ; et l'abstraction isole la direction de cette série qui est un circuit de déperdition et de réparation continues. Douze cents pages m'ont exposé le jugement de Mill sur les diverses parties de la science ; et l'abstraction isole son idée fondamentale, à savoir que les seules propositions fructueuses sont celles qui joignent un fait à un fait non contenu dans le premier. Partout ailleurs il en est de même. Toujours un fait ou une série de faits peut être résolu en ses composants. Ce sont eux que l'on désigne sous le nom de *causes, forces, lois, essences, propriétés primitives*. Ils ne sont pas un fait nouveau ajouté à un fait ; ils en sont une portion, un extrait : ils sont contenus en eux : ils ne sont autre chose que les faits eux-mêmes. Au lieu d'un fait à un autre fait, on va du même au même ; au lieu d'ajouter une expérience à une expérience, on met à part quelque portion de la première ; au lieu d'avancer, on s'arrête pour creuser en place. Il y a donc des jugements qui sont instructifs, et qui cependant ne sont pas des expériences ; il y a des propositions concernant l'essence, et qui cependant ne sont pas verbales ; il y a donc une opération différente de l'expérience, qui agit par retranchement au lieu d'agir par addition ; qui, au lieu d'acquérir, s'applique aux données acquises, et qui, par delà l'observation, ouvrant aux sciences une carrière nouvelle, définit leur nature, détermine leur marche, complète leurs ressources et marque leur but (1) ».

Telle est donc, selon Taine, l'opération de l'esprit qui nous fournit les idées générales, c'est-à-dire les seules qui soient fécondes. Car la plus grande illusion à laquelle on puisse se livrer pour fonder une science sérieuse, c'est de s'attacher uniquement aux faits. « Ce fait, dit-il, que j'aperçois par les sens ou la conscience, n'est qu'une tranche arbitraire que mes sens ou ma conscience découpent dans la trame infinie et continue de l'être. S'ils étaient construits autrement, ils en intercepteraient une autre : c'est le hasard de leur structure qui a déterminé celle-là....... Lorsque je constate un évènement, je l'isole artificiellement d'éléments qui ne sont point un assemblage naturel. Quand je vois une pierre qui tombe ; je sépare la chute des circonstances antérieures qui réellement lui sont jointes, et je mets ensemble la chute, la forme, la structure, la couleur, le son, et vingt autres circonstances qui réellement ne sont pas liées. Un fait est donc un amas arbitraire, en même temps qu'une coupure arbitraire, c'est-à-dire un groupe factice qui sépare ce qui unit et unit ce qui est séparé. Ainsi, tant que nous ne voyons la nature que par l'observation seule, nous ne la voyons pas telle qu'elle est ; nous n'avons d'elle qu'une idée provisoire et illusoire. Elle est proprement

(1) *Histoire de la philosophie anglaise*, liv. V. Les Contemporains, chapitre V. Stuart Mill, pages 304 et suivantes.

une tapisserie dont nous ne voyons que l'envers (1) ».
Il en résulte que nous passons de l'artificiel au moins
artificiel, du complexe au moins complexe, et que
l'abstraction outre qu'elle nous mène aux idées simples,
est encore un retour à la nature bien entendue. Voilà la
rectification nécessaire aux données de l'expérience ;
voilà la justification de cette grande idée de cause, sans
laquelle la science ne serait qu'un ensemble de faits
épars, et la logique une grande duperie.

Mais Taine va plus loin, et considérant qu'une idée
générale rencontre toujours comme cause une idée
plus générale qu'elle, il en arrive à cette conséquence,
que pour avoir la clef de la science, il faudrait arriver à
l'idée la plus générale de toutes. C'est ce qu'il entreprend de faire en essayant de trouver ce qu'il appelle
la *raison explicative* de toutes choses (2).

Car ce n'est pas tout que de trouver le lien qui unit
deux idées particulières pour arriver à l'idée générale ;
il s'agit encore de relier les idées générales entre elles,
et d'abstraire de plus en plus tout ce qui est caractère
particulier pour établir des données de plus en plus
générales. Et l'on ne voit pas que l'on ne puisse ainsi
généraliser de plus en plus nos idées, puisque, le général étant contenu dans le particulier, il n'y a que l'imperfection actuelle de notre analyse qui nous empêche
de l'en tirer absolument. D'où il suit que la raison
explicative d'une loi quelconque est un caractère général
intermédiaire simple ou multiple, inclus directement
ou indirectement dans la première donnée de la loi.

(1) Idem, chap. V. Stuart Mill, pages 109-110-111, Passim.
(2) Voir le dernier chapitre de son ouvrage *De l'Intelligence*.

Tel est le lien des idées générales entre elles, et c'est à la précieuse faculté du raisonnement qu'il appartient de le dégager. Or, comme le plus général est toujours compris dans le moins général, on voit que le champ du raisonnement est illimité, car il ne s'agit que d'abstraire toujours ; et l'on est déjà arrivé à de telles merveilles d'abstraction, qu'il n'est pas présumable que l'exercice de cette faculté puisse s'arrêter jamais.

Il suffit de voir, à cet égard, les grandes constructions rationnelles que les hommes sont arrivés à faire par le seul secours du raisonnement et de l'abstraction, car ils ont créé des sciences, au mépris de toute expérience, en s'enfermant dans un monde tout idéal ; si bien que, le monde réel ne serait pas tel qu'il est, leurs conclusions n'en seraient pas moins vraies ni absolues. Telles sont les mathématiques pures que Taine appelle des *sciences de construction*, qui ne reposent en rien sur l'expérience, et qui n'en ont pas moins posé des principes vrais pour tous les mondes existants et possibles, et vrais de toute éternité. Ces principes sont les axiomes. Les sciences d'expérimentation, au contraire, comme l'astronomie, la géologie, la physique, la chimie, l'histoire, n'arrivent à poser que des principes possibles. Mais qui nous dit que d'induction en induction, ces sciences ne se résumeront pas en quelque axiome primordial aussi général et aussi vrai que ceux des mathématiques ? Pour le contester, il faudrait plus de présomption même que pour faire cette supposition.

«Car, de ce que nous connaissons la raison d'un fait ou d'une loi, nous pouvons conclure son existence, nous ne pouvons pas, de ce que nous l'ignorons, conclure son absence. Cette raison peut exister, quoique ignorée ; et, de fait, si nous regardons le passé de nos sciences, nous trouvons qu'en mainte occasion, quoique ignorée, elle existait. Plus notre expérience étendue recule notre horizon dans le temps et dans l'espace, plus nous ajoutons à notre trésor de raisons explicatives. Il suffit d'examiner l'histoire et la nature de la science expérimentale pour reconnaître que si, dans ce trésor, il y a encore des vides, ce n'est jamais parce que la raison explicative a manqué ou manque dans les choses ; c'est toujours parce qu'elle a manqué ou manque dans notre esprit (1) ». Il y a, du reste, un progrès qui tend à faire de certaines choses expérimentales des sciences exactes, en raison du caractère de plus en plus général de leurs inductions. Les plus avancées, comme la mécanique appliquée, l'astronomie mathématique, l'optique, l'acoustique, se résument en quelques lois très générales qui ressemblent tellement aux axiomes, qu'en vérité la différence entre eux est très subtile. Elle consiste en ce que, dans les sciences mathématiques, les axiomes étant obtenus par construction, nous pouvons, par analyse, remonter plus haut qu'eux jusqu'au principe d'identité qui est leur source commune ; tandis que, dans les sciences expérimentales les plus perfectionnées, les lois fondamentales étant obtenues par induction, nous serions obligés, pour remonter plus haut qu'elles, d'employer encore l'induction ; et, l'induction appelant sans cesse l'induction, l'on ne voit pas encore de terme où cette opération, d'une fécondité sans cesse renaissante, puisse enfin aboutir.

(1) *De l'Intelligence*, liv. IV, Chapitre III, pages 444-445.

Mais enfin, il est à présumer que tout n'est qu'une question de méthode, car rien ne nous dit que, même pour les sciences expérimentales, nous possédions encore la vraie. Qui nous dit que le procédé inductif n'est pas la cause de notre ignorance ? Supposons un géomètre qui ne possède pas, de prime-abord, ce qu'on appelle l'esprit géométrique, mais un esprit très exact, très patient, très habile à induire, mais capable seulement d'induire : prions-le de chercher à combien d'angles droits équivaut la somme des angles d'un quadrilatère quelconque. Par une série d'inductions, il finira par trouver que la somme des angles de tout quadrilatère, quel qu'il soit, trapèze, parallélogramme, losange, rectangle ou carré, équivaut à quatre droits ; mais sa science des quadrilatères en restera là, c'est-à-dire au point le plus élevé où en sont les sciences expérimentales. Sa science restera confinée dans une observation particulière, et il ne pourra généraliser que fort témérairement. Or il lui suffirait de changer de méthode pour fonder en raison ce qui n'est fondé que sur une observation précise. N'en peut-on pas conclure que la cause de notre impuissance est souvent dans un défaut de méthode, et qu'il nous suffirait de regarder les choses autrement pour mieux les voir ?

Il y a cette différence, en effet, entre la géométrie et les sciences expérimentales, c'est que, dans l'une, nous voyons les choses dans un monde idéal, et que, dans les autres, nous les voyons dans un monde réel. Mais ne s'aperçoit-on pas que la structure de ces deux mondes est semblable ? Dans le premier, aussi bien que dans le second, il y a des éléments et des composés, des éléments d'éléments et des composés de composés, des lois moins générales expliquées par des lois plus générales. Les composés artificiels diffèrent donc des composés naturels en ce que ces derniers sont plus simples et les premiers plus compliqués. Mais c'est précisément parce que les uns sont très simples qu'ils ne s'appliquent pas entièrement au monde réel. C'est en se compliquant qu'ils deviennent exacts. Par cette rectification progressive, notre idée, qui d'abord ne s'ajustait rigoureusement qu'au composé mental, finit par s'ajuster rigoureusement au composé réel. *Dum Deus calculat*, disait Leibnitz, *fit mundus*. Le monde est un calcul réalisé. De même que, pour les mathématiciens, la quantité réelle est un cas de la quantité imaginaire, ne peut-on pas admettre que l'existence réelle n'est qu'un cas de l'existence possible? De sorte que l'axiome premier, source et fondement de tous les autres, serait une vérité idéale réalisée dans un monde réel.

Il en résulte que la métaphysique n'est pas bannie dans la science, mais qu'au contraire elle en est le couronnement. Mais pour lui ôter tout ce qu'elle peut avoir de chimérique, il suffit de faire voir qu'elle n'est pas au-dessus des choses : elle est dans les choses mêmes. Car remarquez que, plus un principe est général, plus il est universellement répandu. C'est précisément parce qu'il est général qu'il est commun à des myriades de choses. L'axiome universel se trouve dans la moindre molécule de terre ; et la fourmi qui saurait raisonner pourrait, sur son atôme de poussière, construire toute la géométrie. Elle pourrait, de même, construire l'algèbre, l'arithmétique et la mécanique, car un mouvement d'un demi-pouce contient dans son raccourci, le temps, l'espace, le nombre et la force, tous les matériaux mathématiques. Si la fourmi était philosophe, elle pourrait démêler les idées de l'être, du néant et tous les matériaux de la métaphysique (1). » Si, à son tour, un homme recueillait les trois ou quatre grandes idées où aboutissent nos sciences, et les trois ou quatre genres d'existence qui résument notre univers ; s'il comparait ces deux étranges quantités qu'on nomme la durée et l'étendue, ces principales formes ou déterminations de la quantité qu'on appelle les lois physiques, les types chimériques et les espèces vivantes, il aurait esquissé une métaphysique sans empiéter sur les sciences positives, et touché la source sans être obligé de descendre jusqu'aux termes de tous les ruisseaux. » (2)

Voilà ce que Stuart Mill n'a point vu, et pourquoi l'idée de cause pèche chez lui par la base. Car il ne faut pas seulement qu'elle soit une liaison, il faut qu'elle soit une force contraignante et d'une nécessité absolue. Il entrevoit bien l'idée de nécessité, mais cette nécessité chez lui, c'est l'inconditionnalité. Eh non ! la nécessité, au contraire, c'est la conditionnalité. « Si bien qu'il suffit de connaître la condition d'un phénomène pour prédire qu'il se reproduira toujours la condition étant donnée ; et jamais les phénomènes ne peuvent se contredire s'ils sont observés dans les mêmes condi-

---

(1) *Histoire de la Littérature anglaise*, liv. V, les Contemporains, chap. V. Stuart Mill, pages 413-414.

(2) Idem, page 416.

tions. S'ils montrent des variations, cela tient nécessairement à l'intervention d'autres conditions qui masquent ou modifient ces phénomènes. « Il y a donc un déterminisme absolu dans les conditions d'existence des phénomènes. » (1) Concluons-en que la cause est la condition et non l'absence de conditions. « Il y a une force intérieure et contraignante qui suscite tout événement, qui lie tout composé, qui engendre toute donnée. Cela signifie, d'une part, qu'il y a une raison à toutes choses, que tout fait a sa loi, que tout composé se réduit en simples, que tout produit implique des facteurs, que toute qualité et toute existence doivent se déduire de quelque terme supérieur et antérieur. Et cela signifie, d'autre part, que le produit équivaut aux facteurs, que tous deux ne sont qu'une même chose sous deux apparences, que la cause ne diffère pas de l'effet, que les puissances génératrices ne sont que les propriétés élémentaires, que la force active par laquelle nous figurons la nature n'est que la nécessité logique qui transforme, l'un dans l'autre, le composé et le simple, le fait et la loi. Par là nous désignons d'avance le terme de toute science, et nous tenons la formule qui, établissant la liaison invincible et la production spontanée des êtres, pose dans la nature, le ressort de la nature, en même temps qu'elle enfonce et serre au cœur de toutes choses vivantes, les tenailles d'acier de la nécessité (2). »

(1) Claude Bernard, *Introduction à l'étude de la médecine expérimentale*, page 115 et suivantes.

(2) *Histoire de la Littérature anglaise*, liv. V. Stuart Mill, chap. V, pages 410-411.

CHAPITRE SIXIÈME.

Le positivisme agnostique. — Herbert Spencer. — La Théorie de l'"Inconnaissable". — Relativité de la connaissance.

Tandis que Taine introduisait le positivisme dans le domaine du mystère et de l'hypothèse, un autre philosophe, Herbert Spencer, le faisait descendre de ces hauteurs où il allait s'égarer, pour étudier, à sa manière, l'éternel et délicat problème de l'étendue et de la légitimité de notre connaissance (1).

Esprit vaste, curieux, ouvert à tous les vents de la pensée ; avec cela analyste impitoyable, utilitariste et humanitariste, aimant le paradoxe et malgré cela sévère pour tous les écarts de la pensée ; enfin, comme couronnement, évolutionniste infatigable, suivant, dans tous leurs plis et replis, les ondoiements de *l'éternel devenir* : tel est Herbert Spencer. Il a apporté au positivisme la précieuse contribution d'un savoir très étendu, d'une curiosité toujours en haleine, d'une

---

(1) Nous nous sommes beaucoup appuyé, pour cette étude, sur le *Résumé de la philosophie d'Herbert Spencer* par T. Howard Collins, ouvrage que le philosophe lui-même recommande comme le meilleur Précis de ses œuvres.

analyse minutieuse, remplie de faits, d'expériences, de conjectures et souvent de désenchantements. On peut l'appeler le chroniqueur de la science et de la philosophie au dix-neuvième siècle.

Pour quiconque a étudié le délicat problème de la connaissance humaine, une première et fondamentale question se présente tout d'abord à l'esprit : La difficulté de savoir est-elle en nous ou dans les choses ? Le philosophe Kant, qui avait beaucoup médité sur les capacités de notre esprit, était arrivé, sur ce point, à cette conclusion, que l'objet de notre science est relatif à notre esprit et dépend de sa structure. Car, disait-il, les choses ont, pour ainsi dire, une double existence : elles existent par elles-mêmes, et elles existent pour nous. Mais la manière dont nous les percevons ne prouve pas que leur véritable nature nous soit connue. Il y a deux domaines absolument fermés l'un à l'autre, le monde extérieur et le monde de l'esprit. Nous ne pouvons donc être savants que relativement : l'absolu nous échappe. Ce qu'on appelle « la chose en soi », qui existe indépendamment de nous, de nos facultés, nous échappera éternellement. Un esprit infiniment plus puissant que le nôtre, mais de même structure, ne sortirait pas plus que nous de la sphère des phénomènes. Il en connaîtrait mieux les lois, mais il n'en ignorait pas moins l'essence. Car remarquez que, si cette essence tombait sous nos sens, elle sortirait du domaine de l'absolu ; elle tomberait sous les formes de notre sensibilité et de notre entendement. Elle ferait partie de l'univers pensable pour nous : conséquemment elle ne serait plus *la chose en soi*, elle deviendrait *nôtre*; elle rentrerait dans la catégorie des phénomènes, et décherrait de son rang. Il faudrait donc, conclut Kant, ou que nous changions de nature, ou que les choses elles-mêmes changent de nature, pour que nous puissions pénétrer l'*absolu* ; jusque-là il n'y a pas de commune mesure entre le monde de nos perceptions et le monde extérieur, et ce que nous savons ou croyons savoir ne prouve absolument rien pour la réalité des choses.

Il suffit de se pénétrer de l'idée de la filiation des systèmes pour voir à quel point cette distinction du monde de l'esprit et du monde extérieur a servi au positivisme pour établir sa fameuse théorie de l'exclusion du domaine des causes. Puisque notre intelligence, disait Comte, est la seule mesure que nous ayons de la réalité des choses, tenons-nous en à ce domaine, et bannissons la recherche de la *chose-en-soi*. Il n'y a pour nous d'évident dans le monde que des formes ; le dessous de ces formes nous échappe. « Dans les sciences positives, dit Littré, on ne connait aucune propriété sans matière, non point parce que à *priori*, on a l'idée préconçue qu'il n'existe aucune substance spirituelle indépendante, mais parce que, *à posteriori*, on n'a jamais rencontré la gravitation sans corps pesant, la chaleur sans corps chaud, l'électricité sans corps électrique, l'affinité sans substance de combinaison, la vie, la sensibilité, la pensée sans êtres vivants, sentants et pensants. » De là une horreur invincible pour ces abstractions dans lesquelles Taine, dans le chapitre précédent, mettait l'unique et indispensable vérité ; une sorte de *polymorphisme*, qui faisait passer la crédulité humaine du mirage des systèmes au mirage des formes ; enfin une sorte d'anthropomorphisme aussi, qui repliant l'homme sur lui-même, et faisant de son intelligence la seule mesure de la vérité des choses, devait aboutir ou à une confiance trop absolue en soi, ou à la pire des désespérances philosophiques.

Tel était l'état de la science dite positive, lorsque Herbert Spencer aborda, à son tour, le grand problème de l'étendue de notre connaissance. Ce qui le frappa tout d'abord, c'est la relativité de nos connaissances. Nous n'avons pas une connaissance acquise qui ne soit relative à une autre ; et cette relativité est pour nous une preuve de sa vérité : nous n'en avons pas d'autre. Car ce que nous appelons *lois* ne sont que des relations, et nous ne concevons pas qu'on puisse arriver à un principe sans relation quelconque ; car, à nos yeux, ce ne serait plus une loi, et partant, plus une vérité. Le premier mot de la science humaine, nous dit donc Spencer, doit être un aveu de son humilité. Nos connaissances ne peuvent être que relatives, et le vrai progrès consiste à voir qu'elles ne peuvent être que relatives. Car le progrès en matière de connaissances, consiste à aller toujours d'une vérité générale à une vérité plus générale encore. Ce n'est que grâce à cette relation que la vérité générale peut être comprise. Mais supposez une vérité générale qui ne puisse être ramenée à une vérité plus générale encore, elle ne peut être comprise, puisque le moyen de la vérifier nous manque. Donc la vérité la plus profonde que nous puissions atteindre doit nécessairement être inexplicable.

Ce n'est pas qu'à ce titre même elle n'entre dans

notre science ou plutôt dans notre compréhension, mais à l'état de chose inexplicable. Le mot de *comprendre*, que nous employons pour désigner notre connaissance, est lui-même un terme entièrement relatif, car il veut dire *embrasser*, et il ne peut logiquement s'appliquer qu'à l'ensemble des choses. Mais, puisque les choses les plus générales nous sont inexplicables, il est inexact de dire que nous comprenons : nous ne comprenons pas, nous saisissons des détails. Donc il y a pour nous des choses incompréhensibles, et le domaine de la science est limité.

Il s'ensuit que notre connaissance ne peut être que relative, mais la connaissance même du *relatif* implique la conscience du *non-relatif*. Ne confondons pas la connaissance et la conscience ; il y a un abîme entre concevoir et avoir la conscience de quelque chose ; et il ne faut pas s'y tromper, de peur d'agrandir démesurément le champ de la science humaine. *Savoir*, c'est établir une relation rigoureuse entre des phénomènes : nulle pensée humaine ne peut exprimer plus que des relations. Si nous cherchons à sonder la nature de la vie, nous y retrouvons la relativité de notre connaissance. L'analyse des actions vitales, en général, nous conduit à conclure non seulement que les choses en elles-mêmes ne peuvent nous être connues, mais elle nous apprend que leur connaissance, si elle était possible, serait sans aucune utilité. » (1)

Néanmoins il est tellement vrai qu'il nous faut quelque chose d'absolu, que le terme même de notre

(1) *Résumé de la philosophie d'Herbert Spencer*, par W. Collins, chapitre IV, l'*Inconnaissable*, page 12.

science devient pour nous l'*absolu*, si nous nous refusons à en admettre un autre. Car, de quelque manière que nous comprenions la relativité de notre connaissance, il n'en est pas moins vrai que tout relatif suppose un non-relatif. Le relatif lui-même est inconcevable s'il n'est en relation avec un non-relatif réel ; et, à moins d'admettre un non-relatif ou absolu réel, le *Relatif* lui-même devient *Absolu*. D'où il suit que l'*Inconnaissable*, c'est-à-dire l'*Absolu*, quelque incompréhensible qu'il soit à notre raison, entre forcément dans le domaine, non de la science, mais de la conscience humaine.

Il en résulte une conséquence fort importante, c'es que cette distinction entre le *Connaissable* et l'*Inconnaissable*, met fin au divorce entre la religion et la science. Ces deux puissances rivales, et souvent ennemies, se réconcilient dans la conception des lacunes incommensurables de notre savoir. Car quel est le principe de toutes les religions ? C'est qu'il existe un pouvoir qui dépasse notre connaissance. Si elles se sont parfois insurgées contre la science, c'est que la science déniait cette vérité. Mais, dès qu'on accorde qu'il existe un *Inconnaissable*, et que cet Inconnaissable entre dans le domaine de la conscience, les religions sont justifiées. Et, si c'est la science elle-même qui apporte cette vérité, où est désormais le sujet de conflit ? Au contraire, la science se fait, en quelque sorte, religieuse en avouant humblement ses limites ; et la religion elle-même se purifie en enregistrant des croyances qui sont, au fond, plus religieuses que celles que, par un singulier aveuglement, elle voulait supplanter. Laissons donc aux religions le domaine de l'Inconnaissable. La cause des conflits élevés entre la science et la religion, c'est que la science a conservé longtemps un caractère inscientifique, et que la religion s'est montrée antiscientifique. C'est à la vraie science à opérer la fusion entre deux puissances qui se complètent et se fortifient l'un l'autre pour le bonheur de l'humanité.

Tel est ce fameux *Inconnaissable*, que Taine appelait une « notion scolastique, » (1) et qui en partant du principe de la relativité de notre connaissance, a jeté les bases de ce qu'on appelle aujourd'hui l'*agnosticisme*. Il est difficile de dire si Herbert Spencer, en établissant cette doctrine, s'est montré positiviste ou non positiviste, ou encore s'est montré bon philosophe. Certains esprits prétendent que ce système contient un vice logique qui ne lui permet pas de se développer sans se détruire ; que de plus il fait violence à des sentiments fonciers de la nature humaine. Et en effet, disent-ils, l'idée même d'un Inconnaissable, conçu comme existant, est logiquement insoutenable. Rien n'est inconnaissable à la rigueur que ce qui est et qui sera toujours inconnu, ce dont l'existence ne nous serait en aucune façon révélée, ce qui enfin n'existe absolument pas. Mais alors ce n'est plus même une idée négative ; c'est un mot vide de sens, c'est un rien. Si, au contraire, tout en déclarant une réalité inconnaissable, nous en affirmons l'existence, nous la pensons. Tout se passe enfin comme si nous en avions quelque idée. Ce n'est donc plus vraiment l'Inconnaissable. Dès que l'Incon-

---

(1) Taine, *Derniers Essais de critique et d'histoire*, Paris, Hachette, 1894, Chapitre sur Herbert Spencer, page 118.

naissable est nommé il a commencé déjà à être connu. (1)

On se demande aussi si ce système n'apporte pas une forte contribution à la métaphysique ; car l'objet de cette science n'est-il pas d'établir qu'il y a des vérités inexplicables et inaccessibles à notre intelligence ? Quelle différence y a-t-il entre l'Inconnaissable et l'Axiome primordial de Taine ? Et ne retombe-t-on pas par là dans les fameuses entités contre lesquelles les positivistes ont mené une si rude guerre ? Où est la fameuse théorie qu'il ne faut admettre que ce que l'on peut comprendre ? Où est la limite entre savoir et ne pas savoir ? Aussi a-t-on dit avec raison qu'Herbert Spencer ne met pas la métaphysique à la porte, mais qu'il lui fraye un beau chemin à ses côtés.

(1) *Auguste comte et Herbert Spencer, Contribution à l'histoire des idées philosophiques au XIXe siècle*, par E. de Roberty, chez Alcan, Paris, 1894.

CHAPITRE SEPTIÈME.

Suite de la philosophie d'Herbert Spencer. — Le Connaissable. — Métaphysique et physique d'Herbert Spencer. — Le principe de l'individuation. — Le principe de l'évolution. — La loi de Baër. — Principes de psychologie.

De la notion de l'*Inconnaissable* découle par une conséquence naturelle, la notion du *Connaissable*, et, de ce qui dépasse notre raison, nous pouvons conclure forcément à ce qui ne la dépasse pas.

Or, de quelque manière que l'on comprenne la science humaine, elle ne peut être que de l'expérience étendue et généralisée. Nous avons, sur nos devanciers, l'avantage d'une longue expérience, d'une masse de faits classés et catalogués, d'une plus grande curiosité, et nous héritons de l'œuvre des siècles. Dans ces conditions, quelles sont les conclusions que la science peut tirer du spectacle du monde et du long travail des siècles, et quel est le bilan et l'avenir de la connaissance humaine ?

La réponse à cette question peut être tirée de l'observation des faits, de leurs rapports, de leur dépendance et de leur succession depuis l'origine du monde connu. Or, si nous devons être muets sur l'origine des choses, il ne nous est pas possible de concevoir leur développement, puisque rien ne tombe davantage sous nos sens que les perpétuels changements de la matière. On peut donc en conclure que, s'il est une loi aussi clairement établie que possible, c'est la transformation perpétuelle des choses. Et, si nous ne savons encore par quel principe se fait cette transformation, nous savons du moins qu'elle se fait, et cette connaissance entre, par conséquent dans le domaine de la science positive. Car cette loi ne dépasse pas la sphère des phénomènes : elle n'établit que leur classement et leur dépendance ; elle les généralise, et, de cette généralisation elle déduit une règle qui paraît être celle de la vie, non seulement des êtres animés, mais même des choses inanimées. On peut donc établir et consacrer la loi de l'*Evolution* ou du développement incessant des choses comme l'une des plus fécondes en conséquences importantes, et comme devant totalement bouleverser la conception du monde.

Mais ce n'est pas tout de savoir que les choses évoluent ; il faut savoir comment elles évoluent, si c'est en se simplifiant ou en se compliquant, si c'est dans le sens de la concentration ou de l'éparpillement, si c'est en perdant de leur force ou de leur matière, ou si les changements ne sont que des changements de forme, la matière restant toujours la même, et si rien ne se perd ni ne se consume ? Toutes ces graves questions ont exercé la sagacité d'Herbert Spencer, et il s'est trouvé tout d'abord en présence de deux grands phénomènes dont l'apparente contradiction n'a pas laissé que de l'embarrasser beaucoup.

Il a vu d'abord que les molécules de la matière ont toutes une tendance invincible à se réunir en agrégats, les masses en unités, les collections en individus, les composés en simples, et il en avait conclu à la simplification générale. « Quand l'organisme, nous dit-il, ou une masse organisée, tend à passer d'un assemblage d'unités discrètes à l'état intègre d'un système d'unités coordonnées, il tend à devenir une chose distincte, à s'*individuer*, d'après la définition que Coobridge donne de la vie. » Mais un autre phénomène lui montrait en même temps les unités se spécialisant, les choses d'abord communes prenant de plus en plus d'originalité, les principes simples devenant de plus en plus complexes, les composés homogènes devenant de plus en plus hétérogènes, et il en concluait à la complication générale. Où était la vérité dans ce flux et ce reflux de phénomènes s'entre-croisant, se contredisant, se contrecarrant, ou se compensant les uns les autres par leur diversité même ? et quel grand principe pouvait-on en tirer pour l'explication du mystère de la Vie ?

En y réfléchissant, Herbert Spencer trouva que ces deux actions contraires ne sont que des périodes d'un rythme ou d'un cycle grandiose, et que, loin de se contredire, elles coopèrent ensemble à la grande œuvre de la vie sur notre globe. Les éléments dispersés se réunissant tout d'abord en corps : c'est la période d'intégration ou d'individuation; puis les corps se désagrègent et rendent leurs éléments à la nature : c'est la période de désintégrégation, ou de ségrégation, ou encore de dissolution. Ce rythme ainsi combiné nous donne la conception de la grande loi de l'Evolution.

Herbert Spencer en concluait que l'homogène est naturellement instable ; que sitôt qu'il est formé, il est invinciblement porté à se décomposer. Mais si, de ce phénomène général on veut remonter à un phénomène plus général encore, on trouvera que, au milieu de l'instabilité générale, il y a quelque chose de stable, c'est la quantité de force dévolue au monde. Cette quantité est toujours constante, et les changements auxquels nous assistons ne sont que des déplacements de forces. Il y a toujours lutte entre un agrégat, ou ce que nous appelons corps ou organisme, et certaines forces incidentes qui tendent à le modifier ou à le détruire. La vie passagère de cet organisme n'est que le résultat d'un équilibre entre les forces incidentes, et celle que leur oppose l'agrégat : le passage à un état hétérogène est un pas vers un état d'équilibre. Il est donc à supposer que la stabilité est à la fin et non au commencement des choses.

Mais cette quantité toujours constante de force dévolue au monde suppose un autre grand principe, c'est celui de l'indestructibilité de la matière. Il y a, dans les choses, une distribution ou une redistribution de matière incessamment renouvelée. Rien ne se perd : tout dans le monde, n'est que changement, décomposition et recomposition. La vie naît de la mort, et la mort de la vie ; et l'œuvre de dissolution, que nous croyons être la mort, n'est qu'un nouveau principe de vitalité.

Telle est la physique ou la métaphysique d'Herbert Spencer, si toutefois on peut appeler *métaphysique* une connaissance basée sur une longue chaîne d'expériences, et qui ne cherche pas ce qui dépasse la nature, mais ce qui l'explique. Car, selon lui, toute tentative proprement appelée métaphysique manque de base. En effet, dit-il, le postulat qui sert de point de départ au raisonnement métaphysique, c'est que primitivement nous n'avons conscience que de nos sensations, que nous sommes certains de les avoir, et que, s'il y a quelque chose au delà d'elles qui leur serve de cause, cette cause ne peut être connue que par induction. Mais il faudrait plutôt affirmer que la chose primitivement connue n'est pas qu'une sensation a été éprouvée, mais qu'il existe un objet extérieur. Au lieu d'admettre que la connaissance primordiale et incontestable est l'existence d'une sensation, le fait qui domine quand on passe en revue les phénomènes de conscience dans l'ordre de leur genèse, c'est que l'existence d'une sensation n'est qu'une hypothèse qui ne peut se former avant que l'existence externe soit connue.

Il n'est pas nécessaire de faire remarquer l'originalité de ce point de vue, et combien Herbert Spencer se distingue par là de tous les positivistes que nous avons déjà étudiés, et combien encore il a eu l'intuition que le positivisme s'égarait en se réduisant au pur phénoménisme, et que ce n'est pas sur un idéalisme renforcé qu'on peut fonder une science positive. Ce qu'il y a de curieux, c'est que ses idées se rencontrent sur ce point avec celles d'un vieux philosophe, qu'on ne lit plus guère, mais qui peut encore être médité avec fruit, Royer-Collard. Voici ce que disait ce patriarche dans le discours d'ouverture de son cours de troisième année à la Sorbonne : « Le résultat le plus général, disait-il, que présente l'histoire de la philosophie moderne, celui qui la caractérise de la manière la plus frappante quand on la compare à la philosophie ancienne, c'est qu'elle est sceptique sur l'existence du monde extérieur, de ce monde auquel le genre humain croit depuis si longtemps, qui se révèle à nous en même temps que notre propre existence, et dans le sein duquel nous sommes forcés de nous apercevoir nous-mêmes comme des fragments de son immensité. Il est singulier, mais il est prouvé, que les écoles qui se combattent sur presque tout le reste, s'accordent en ce point, qu'elles sont toujours *idéalistes*. Je ne dis pas qu'elles professent toutes l'idéalisme, ni le même idéalisme ; je dis seulement qu'avoué ou désavoué, manifeste ou caché l'idéalisme est contenu dans toutes les doctrines modernes, et qu'il en sort nécessairement ; et je ne crains pas d'avancer qu'entre les philosophes dont les opinions et la gloire remplissent ces derniers siècles, ceux-là seuls ont été conséquents, qui ont nié ou mis en question les objets extérieurs de nos pensées. En m'exprimant ainsi, je reste encore au-dessous de la vérité ; ceux-là seuls auraient été conséquents, qui auraient si parfaitement ignoré ce monde auquel ils disputent l'existence, que la dispute même eût été impossible. »

Le positivisme a-t-il échappé à ce travers de l'esprit philosophique français ? Il suffit de voir ce que disait Taine, dans ses *Philosophes français au dix-neuvième siècle*, précisément de ce Royer-Collard, qu'il traitait de réaliste, c'est-à-dire d'esprit chimérique : « Que le lecteur, dit-il, daigne examiner une idée, celle du triangle, en elle-même, toute seule, sans considérer avec les yeux aucun triangle effectif et réel. Il découvrira dans cette idée toutes les manières d'être du triangle, ses trois côtés, ses trois angles, l'opposition du plus grand côté au plus grand angle, la propriété qu'ont les trois angles de valoir ensemble deux angles droits, etc. Il apercevra ces manières d'être aussi pleinement et aussi aisément dans l'idée intérieure du triangle que dans le triangle extérieur lui-même. L'idée pourra donc tenir lieu du triangle. Elle le rendra présent, quoique absent. Elle le *représentera*. Elle est donc représentative. Il y a donc des idées représentatives, c'est-à-dire des idées douées de la propriété de suppléer les objets, d'offrir leur similaire, de contenir la copie de leurs manières d'être, de rendre possibles en leur absence les opérations qu'on ferait en leur présence, de subir les opérations qu'on ferait sur eux. Ce n'est point là une hypothèse inventée, comme le veut M. Royer-Collard, c'est un fait constaté. Cette propriété représentative n'est point une supposition gratuite de quelques philosophes ; c'est une découverte nécessaire que chaque homme, chaque jour, fait en soi-même. Ces idées représentatives ne sont pas des choses distinctes de nos pensées : elles sont nos pensées mêmes. Toute idée est une représentation. La puissance de représenter est si véritable, qu'elle est la puissance même de penser. » (1)

(1) *Les Philosophes classiques du XIXe siècle en France*, par H. Taine, Hachette, 1858, Chapitre II. Royer-Collard, pages 41-42.

Voilà ce qu'ont dit, avec Taine, tous les positivistes ou tenants du positivisme. D'où la conséquence que nous ne percevons que la représentation des objets, et que notre connaissance est purement *idéaliste*.

Il n'a pas fallu à Herbert Spencer de longs efforts de raisonnement pour démontrer que cet idéalisme n'est, à bien le prendre, qu'une nouvelle forme de scepticisme. Car, dit-il, si vous n'établissez pas un rapport entre l'image et son objet, votre science sera aussi abstraite, et partant aussi creuse que celle des métaphysiciens. Le défaut de la métaphysique, c'est d'exagérer la valeur d'un mode particulier d'action intellectuelle. Par le raisonnement on a atteint une multitude de résultats merveilleux, et conséquemment le raisonnement a excité un degré de foi qui dépasse de beaucoup celui qu'il mérite. La raison a absorbé, pour ainsi dire, la force de toutes les erreurs qu'elle a vaincues. Il en résulte que les métaphysiciens ont exclu les moyens simples et directs de connaissance. Car les verdicts de la conscience sont de deux sortes : les uns sont donnés par un *processus* relativement direct, les autres par un processus relativement indirect. La plupart des hommes tiennent pour accordé que lorsque le résultat des deux processus sont en désaccord, ce sont les résultats du processus direct qui doivent être acceptés. La minorité métaphysicienne, cependant, suppose au contraire que le processus indirect est souverain. Admettons même la thèse de plusieurs métaphysiciens « qu'il n'y a de propositions concevables que celles dont le sujet et l'attribut sont susceptibles d'*unité de représentation* », nous tombons dans une contradiction grossière, car affirmer, par exemple que le *Temps* et l'*Espace* appartiennent au *Moi*, c'est affirmer simultanément qu'ils n'appartiennent pas au *Non-Moi*. Cette unité de représentation est donc une chimère. Le rejet du témoignage direct de la conscience qu'implique le Kantisme amène une contradiction fondamentale. Les métaphysiciens et les idéalistes mettent l'hypothèse où elle n'est pas. Nous n'avons, disent-ils, conscience que de nos sensations, et, s'il y a quelque chose qui leur serve de cause, cette cause ne peut être connue que par induction. Erreur ! La connaissance primordiale et incontestable n'est pas l'existence d'une sensation, c'est l'existence de l'objet de la sensation : l'existence d'une sensation, voilà la véritable hypothèse, qui ne peut se former avant que l'existence externe soit connue. Il ne faut donc pas conclure de la représentation des choses à leur réalité, mais conclure de la réalité des choses à la réalité de leur représentation. (1)

C'est ainsi qu'Herbert Spencer aboutit au *Réalisme*, qu'il considère comme la conception primitive de l'humanité, et qui n'a eu contre elle, dans les longs débats de la raison, que d'être trop simple. Car, si l'on examine l'ordre de nos connaissances, tel que l'a établi la philosophie idéaliste et sceptique, on trouve qu'il est à contre-biais de l'ordre naturel. On prétend que nous avons d'abord la connaissance du non-moi ; que la fréquence des sensations et leur concordance nous donne le sentiment du *moi* ; et que, de ces deux

(1) Tous ces arguments se trouvent condensés dans le *Résumé de la Philosophie d'Herbert Spencer*, par H. Collins, *Principes de Psychologie*, Chapitre XV, *Analyse générale*.

ordres d'impressions dérive une confusion qui fait souvent prendre le *moi* pour le *non-moi*, et réciproquement. Mais examinez toute la complexité de cette conception, « que les états du *Moi* sont des affections produites en lui par le *Non-Moi*. » Il faut d'abord que, par des différenciations et des intégrations successives et d'une longueur et d'une complication infinies de sensations pareilles et des idées qui en dérivent, il se développe une conscience du *moi* et du *non-moi* corrélatif ; puis que, par une série d'inductions et de déductions infinies, nous arrivions à comprendre comment le *moi* est affecté par les sensations, et à le considérer comme des modes du *non-moi*. Et voilà la dernière phase qui est considérée par les idéalistes comme la phase initiale de notre connaissance !

Que deviendront de plus les thèses de l'idéalisme, si l'on démontre que le Réalisme est une affirmation de la conscience agissant d'après ses lois propres ; qu'il est un produit nécessaire de la pensée, procédant d'accord avec les lois de la pensée, qui sont éternelles ?

Il faut, en effet, qu'après avoir établi le Réalisme comme l'hypothèse la plus satisfaisante de toutes, nous en arrivions à établir le *Réalisme positif*, et à démontrer l'existence objective des choses, sans laquelle toute l'argumentation qui précède reposerait sur le sable.

Ce qui a trompé les idéalistes à cet égard, c'est qu'ils n'ont pas distingué entre les apparences fugitives et les apparences permanentes. C'est aux premières seulement qu'il appartient de donner le nom d'apparences ou d'illusions. Il y a, dans la conscience des états vifs et des états faibles : or la conscience de ce qui résiste et subsiste devient le symbole général de toute existence indépendante. Ce qui, dans la pensée d'Herbert Spencer, constitue un corps, est ce qui relie d'une manière permanente ces états vifs de la conscience. « Nos diverses séries d'expériences se sont, dit-il, unies pour former la conception de quelque chose au-delà de la conscience, qui est absolument indépendant de la conscience, qui possède un pouvoir, sinon identique, pourtant équivalent à celui de la conscience, et qui reste fixe au milieu d'apparences qui changent. Et cette conception qui unit l'indépendance, la permanence et la force, est la conception que nous avons de la Matière. » (1) De là une différence essentielle entre le *Sujet et l'Objet*, le sujet étant le groupe inconnu permanent, qui n'est jamais lui-même un état de conscience, mais qui tient les états de conscience unis ensemble ; et l'objet étant le groupe inconnu permanent, qui n'est jamais lui-même un phénomène, mais est ce qui tient les phénomènes ensemble. Tel est le grand *Postulat* nécessaire pour fonder toute croyance, et toute connaissance, et la base inébranlable de toute science positive.

(1) Tous ces arguments se trouvent condensés dans le *Résumé de la Philosophie d'Herbert Spencer*, par H. Collins, *Principes de Psychologie*, Chapitre XV, *Analyse générale*, loco citato, pages 800-310.

CHAPITRE HUITIÈME.

Une nouvelle face du positivisme. — Ernest Renan. — La compréhension universelle. — L'avenir de la science humaine. — Le dilettantisme positiviste. — Le " devenir " positiviste.

Il était difficile que le souci d'expliquer rationnellement les choses ne portât pas les esprits à vouloir expliquer rationnellement même les choses irrationnelles. Et, comme bien des phénomènes humains sont, ou contraires, ou étrangers, ou tout-à-fait irréductibles à la science, la science devait-elle s'avouer impuissante à chercher à les comprendre ? Ceux qui prétendent qu'une seule méthode suffit à toutes nos connaissances sont comme ces docteurs aristotéliciens du Moyen-Age, qui prétendaient tout expliquer par le syllogisme. Ce qu'on appelle *science exacte* peut n'être pas exacte pour certains sujets d'étude. Et, comme, après tout, il s'agit de comprendre le plus de choses possibles, le positivisme pourrait bien nous amener, par trop de rigueur d'esprit, à comprendre fort peu de choses.

C'est pourquoi l'un des plus grands esprits de ce siècle, fort altéré de science, mais plus encore d'intelligence et de divination, Ernest Renan, a été bien près de considérer la précision scientifique comme l'une de ces idoles qui ont amusé si longtemps la crédulité de nos pères. Il voyait le positivisme naissant combler l'un de ses vœux les plus chers, c'est de mettre la science au-dessus de tout, mais il lui déplaisait de le voir appliquer à tous les hommes les mêmes méthodes de savoir, comme s'ils eussent tous été des mathématiciens ou des géomètres ! « Des vues, nous dit-il, des aperçus, des jours, des ouvertures, des sensations, des couleurs, des physionomies, des aspects, voilà les formes sous lesquelles l'esprit perçoit les choses.... La géométrie seule se formule en axiomes et en théorèmes ; ailleurs le vague et le vrai. » (1) Or le positivisme établissait, à ses yeux, une sorte d'orthodoxie scientifique, en dehors de laquelle il n'y avait qu'illusions et ténèbres. Combattre cette orthodoxie était donc une œuvre aussi utile et méritoire que de combattre les pratiques de l'Inquisition.

Il prit donc le positivisme à partie dans la personne de son pontife, Auguste Comte, non pour le discréditer en principe, mais pour en faire voir toutes les étroitesses. Il vit le premier, avec beaucoup de sagacité, que le but de cette doctrine était de fixer et, en quelque sorte de figer la science humaine par la conception d'une science toute faite, achevée, mise dans des cadres inflexibles. Quoi de plus contraire à cette philosophie,

(1) *L'avenir de la Science*, page 58.

tout en vie et en mouvement, qui nous venait d'Allemagne, qui professait que tout dans le monde est fugitif, ondoyant, et qu'il n'y a pas, à proprement parler, de science de l'*être*, qu'il n'y a que la science du *devenir* ? Or, rien n'étant plus variable et plus contingent que le présent, et rien n'étant plus conjectural que le *devenir*, pouvait-on prétendre qu'il y avait, dans la science humaine, quelque chose de fixe, de positif, dans laquelle on pût la cantonner à tout jamais ?
« M. Comte, nous dit-il, croit comme nous qu'un jour la science donnera un symbole à l'humanité. Mais la science qu'il a en vue est celle des Galilée, des Descartes, des Newton, *restant telle qu'elle est*. L'Evangile, la Poésie n'auraient plus, ce jour-là, rien à faire. M. Comte croit que l'homme se nourrit exclusivement de science, que dis-je ? de petits bouts de phrase, comme les théorèmes de géométrie, de formules arides. Le malheur de M. Auguste Comte est d'avoir un système, et de ne pas se poser assez largement dans le plein milieu de l'esprit humain ouvert à toutes les aires du vent. » (1) —
« Quand la science positive, dit-il ailleurs, semble ne révéler que petitesse et fini, c'est qu'elle n'est pas arrivée à son résultat définitif. » (2) Le *devenir rationnel* des choses, voilà donc, selon Renan, quel doit être l'objectif de la science humaine. Jusque-là, ne chassez pas, n'anathématisez pas ce qui est ou ce qui vous paraît irrationnel. Cet irrationnel deviendra rationnel par l'évolution des choses, et l'antiscientifique deviendra scientifique. « *Organiser scientifiquement l'humanité,*

(1) *L'avenir de la Science*, page 150
(2) Idem, page 93.

tel est le dernier mot de la science : telle est son audacieuse, mais légitime prétention. La raison, qui n'a eu jusqu'à ce jour aucune part à cette œuvre (réaliser la grande résultante définitive qui clora le cercle des choses par l'unité) laquelle s'est opérée aveuglément et par la sourde tendance de ce qui est, la raison, dis-je, prendra un jour l'intendance de cette grande œuvre, et, après avoir organisé l'humanité, *organisera Dieu.* » (1)

On ne saurait concevoir, pour la science humaine, de plus magnifiques horizons. Mais jusqu'à ce qu'elle embrasse et organise tout, il lui faut d'abord chercher à tout comprendre. Or voici quel a été jusqu'à ce jour l'obstacle : « La science, nous dit Renan, n'étant guère apparue jusqu'ici que sous la forme critique, on ne conçoit pas qu'elle puisse devenir un mobile puissant d'action. Cela sera pourtant du moment où elle aura créé dans le monde moral une conviction égale à celle que produisait autrefois la foi religieuse. » (2) La *forme critique*, c'est ce superficiel verdict du *bon sens* qui prend nos lueurs pour des clartés, ou bien qui rejette les lueurs conductrices pour n'admettre que ce qui l'éblouit. « Est-ce le bon sens qui me fournira ces connaissances de philosophie, d'histoire, de philologie, nécessaires pour la critique des plus importantes vérités ? Le bon sens a tous les droits quand il s'agit d'établir les bases de la morale et de la psychologie, puisqu'il ne s'agit là que de constater

(1) *L'avenir de la Science*, page 37.

(2) Idem, page 66.

ce qui est dans la nature humaine, laquelle doit être cherchée dans son expression la plus générale, et, par conséquent, la plus vulgaire. Mais le bon sens n'est que lourd et maladroit quand il veut résoudre seul des problèmes où il faut deviner plutôt que voir, saisir mille nuances presque imperceptibles, poursuivre des analogies secrètes et cachées. On ne peut donc jamais être recevable à en appeler de la science au bon sens puisque la science n'est que le bon sens éclairé et s'exerçant en connaissance de cause. Le vrai est, sans doute, la voix de la nature humaine, mais de la nature convenablement développée et amenée par la culture à ce qu'elle doit être. » (1)

Il faut donc substituer à la *forme critique* la forme indulgente et compréhensive. La science n'exclut rien. Il y a la science de ce qui est, à proprement parler, contraire à la science, et c'est celle qui a le plus besoin d'être comprise. Il y a peu de choses claires et précises. L'excès de précision peut mener au faux aussi bien que le manque de précision. On peut même dire que, étant donnée la nature complexe et ondoyante de l'esprit humain, *tout ce qui est précis est faux*. Nous sommes aveuglés par le trop de lumière aussi bien que par les ténèbres. Il y a des visions, des intuitions, des pressentiments, des demi-vérités dont la science doit tenir compte. C'est dans l'étude des choses qui ont paru jusqu'à ce jour antiscientifiques que le savant trouvera à exercer le plus cet esprit de discernement et de critique qui fait la vraie science, et qu'il méritera le plus d'être appelé *savant*.

(1) *L'avenir de la Science*, pages 76-77.

Il y a deux choses dans la science humaine. Il y a la science de la nature, et la science de ce qui est naturel à l'humanité. Tout ce qui est artificiel est faux ; et l'on a eu tort d'appeler de l'*art*, les créations naturelles du génie humain. Les créations originales de l'esprit humain sont le plus haut objet de la science, et le plus négligé jusqu'à ce jour. On s'est plus attaché aux œuvres du raisonnement et à la suite logique des conceptions de l'esprit. Mais il y a une logique dans ce qui a paru, jusqu'à ce jour, illogique. Il y a une évolution naturelle, un développement continu et progressif dans tout ce que les hommes font ou imaginent. Tous les hommes, consciemment ou inconsciemment, en sont les ouvriers. De là une vive sympathie pour toutes les œuvres humaines, surtout pour les œuvres collectives et impersonnelles. « Ne serait-il pas, dit-il quelque part, possible de réaliser ce prodige (la compréhension des religions) par un progrès de l'esprit scientifique qui rendrait profondément sympathique à tout ce qu'a fait l'humanité ? Je ne sais : il est sûr au moins que ces systèmes (religieux), renferment des atomes plus ou moins précieux de nature humaine, *c'est-à-dire de vérité*, celui qui saurait les entendre y trouverait une solide nourriture. En général, on peut assurer que, quand une œuvre de l'esprit humain apparaît comme trop absurde ou trop bizarre, c'est qu'on ne la comprend pas ou qu'on la prend à faux. Si l'on se plaçait au vrai jour, l'on en verrait les raisons. » (1)

(1) *L'avenir de la Science*, page 291.

Il ne serait pas malaisé de déduire de ces lignes l'infaillibilité de la nature humaine, et, de fait, Renan y croit. Car tout est infaillible dans la nature. Le faux est l'œuvre de l'idéologie. Il n'y a de faillible que l'artificiel et le convenu. Retournez à la nature, et vous aurez la vérité. Mais n'est-ce pas là la justification de bien des œuvres humaines qu'on avait considérées jusqu'à ce jour comme grossières ou même abominables, parce que leurs auteurs avaient plus écouté la nature que la raison ? N'est-ce pas une sorte de glorification de toutes les superstitions ? Et n'est-ce pas le contre-pied de tout progrès ? — Ces choses-là, dit Renan, sont fausses, mais l'avantage de la bonne science, c'est de les savoir fausses. Les passions, les habitudes, la subtilité de notre esprit, les calculs de notre intérêt s'acharnent à enrayer l'œuvre de la nature qui tend toujours à la sincérité, c'est-à-dire à la vérité. Il faut remarquer aussi que les doctrines et les institutions entrées dans une voix fausse évoluent dans cette voie fausse comme elles l'auraient fait dans leur voie naturelle. L'œuvre de la raison est de trouver le faux et de le combattre partout. Voilà la vraie critique.

En somme, selon Renan, l'humanité a toujours raison, mais elle ne le sait pas toujours : tout son progrès consiste à le savoir, à en avoir un jour une pleine conscience. Vivre inconsciemment, c'est bien ; mais vivre consciemment, c'est mieux. Voilà le mieux où tend l'avenir de la science. Les positivistes croient que c'est la raison qui est infaillible. Eh non ! la raison n'est que la lumière qui nous démontre que l'humanité, dans sa vérité et sa libre manifestation, est infaillible. Elle agit toujours sans errer ; mais jadis elle était inconsciente, il s'agit de la rendre consciente. Ses moyens d'action augmenteront parce qu'elle marchera en pleine lumière ; et cette lumière augmentant sans cesse, tous les obstacles à sa marche finiront par s'aplanir, et par ne lui laisser qu'une voie semée de fleurs.

C'est en quoi le positivisme a fait fausse route. Il a mutilé la nature humaine en ne la connaissant pas assez. « M. Comte n'a pas assez compris, nous dit Renan, l'infinie variété de ce fond fuyant, capricieux, insaisissable, qui est la nature humaine. La psychologie est pour lui une science sans objet, la distinction des faits psychologiques et physiologiques, la contemplation de l'esprit pour lui-même, une chimère. La sociologie résume pour lui toutes les sciences de l'humanité: or la sociologie n'est pas pour lui la constatation sévère, patiente, de tous les faits de la nature humaine : la sociologie n'est pas (c'est M. Comte qui parle) cette incohérente compilation de faits qu'on appelle *histoire*, à laquelle préside la plus radicale irrationnalité. Elle se contente d'emprunter des exemples à cette indigeste compilation, puis se met à l'ouvrage sur ses propres frais, sans se soucier de connaissances littéraires fort inutiles. La méthode de M. Comte dans les sciences de l'humanité est donc le pur *a priori*. Au lieu de suivre les lignes infiniment flexueuses de la marche des sociétés humaines, leurs embranchements, leurs caprices apparents ; au lieu de calculer la résultante définitive de cette immense oscillation, il aspire du premier coup à une simplicité que les lois de l'humanité présentent bien moins encore que les lois du monde physique. M. Comte fait exactement comme les naturalistes hypothétiques qui réduisent de force à la ligne droite les nombreux embranchements du règne animal. L'histoire de l'humanité est tracée pour lui quand il a essayé de prouver que l'esprit humain marche de la théologie à la métaphysique, et de la métaphysique à la science positive. La Morale, la Poésie, les Religions, les Mythologies, tout cela n'a aucune place, tout cela est pure fantaisie sans valeur. Si la nature humaine était telle que la conçoit M. Comte, toutes les belles âmes convoleraient au suicide : il ne vaudrait pas la peine de perdre son temps à faire aller une aussi insignifiante manivelle. »(1) C'est donc, aux yeux de Renan, l'excès de simplification, l'amour de la classification, et la manie de tout concevoir sous une forme rationnelle, qui sont le contre-pied de la raison véritable, et qui feront la banqueroute du positivisme.

Il en résulte que le but de la science n'est que de comprendre l'éternelle ondoiement des choses, et de faire, qu'en le comprenant, les hommes se comprennent eux-mêmes. L'esprit humain n'existe pas, au sens où on l'entend généralement : il se fait : mais toutes les phases de son développement sont dignes du plus grand intérêt. Les manifestations de l'esprit le plus simple et le plus primitif peuvent donner des lumières que ne donneront pas les hypothèses des plus grands savants. La culture n'est pas le perfectionnement de la

---

(1) *L'avenir de la Science*, pages 149-150.

nature, c'est le retour à la nature bien entendue. Il n'y a que la nature qui puisse tout justifier, car elle est la règle de tout. Rien ne lui résiste. C'est le principe de la grande originalité en toutes choses. Les conventions qu'on lui oppose un moment ne tiennent pas. Tout ce qui est artificiel est caduc. « La base de notre morale, nous dit-il, c'est l'excellence, l'autonomie parfaite de la nature humaine. Le fond de tout notre système philosophique et littéraire, c'est l'absolution de tout ce qui est humain. » (1) On ne saurait plus élargir le domaine de la science et de la critique. Aussi est-ce pour la même raison que Renan bannit le surnaturel du monde. Le surnaturel est aussi contraire à la nature que l'artificiel. La science embrassera donc tout ce qui est naturel, aussi bien dans le domaine du sentiment, des instincts, que dans celui de la raison. C'est ainsi que tout dogmatisme, tout pédantisme, tout exclusivisme cesseront, et que la science, s'appliquant à tout ce qui est humain, remplacera tout, les religions, les théologies, les systèmes philosophiques et moraux. Il faut ajouter qu'elle n'aura pas de fin, car son objet est infini, et que ses progrès actuels sont le gage de ses progrès futurs, car, ne marchant qu'à pas sûrs, et avec une méthode infaillible, il est inévitable qu'elle ne finisse par tout embrasser et tout comprendre.

Telle est la philosophie d'Ernest Renan, philosophie douce, confiante, et non moins superbe en ses visées que le dogmatisme positiviste. Il dévie le positivisme, mais ne le désavoue pas ; et il aboutit, par d'autres

(1) *L'avenir de la Science*, page 855.

chemins, à cette idolâtrie de l'humanité, à cette religion du progrès, que tous les grands esprits professaient un peu à l'aurore de ce siècle, et qui depuis a subi tant d'assauts. Son positivisme a été frotté d'hégélianisme, et personne plus que lui n'a été possédé par cette idée, que rien n'existe et que tout se fait. Aussi est-ce le *devenir* de la science humaine qui a surtout hanté sa forte imagination, et, si l'on voulait bien caractériser sa philosophie, on pourrait l'appeler le *devenir positiviste*.

CHAPITRE NEUVIÈME.

La Morale positive — Stuart Mill. — Littré. — Herbert Spencer. — L'égoïsme et l'altruisme. — La Morale évolutive.

Pythagore disait, il y a près de trois mille ans, que « la Justice était un nombre ». Il voulait exprimer par là que la Notion de justice trouve son symbole le plus exact dans l'égalité de deux termes. Depuis ce jour, on a eu l'idée de représenter la Justice par une balance ; et les Positivistes, après bien d'autres, sont venus proposer leur balance comme la plus juste et la plus exacte pour contrepeser les actions humaines.

L'idée du Bien et du Mal est-elle une idée capable de progrès, d'évolution, de développement logique ? Est-elle, en un mot, une idée scientifique, qui puisse entrer dans le roulement de la science humaine, si bien que Moralité puisse être considérée comme synonyme de lumière, et qu'Immoralité puisse être considérée comme synonyme d'obscurité et d'aveuglement ? Tel est le problème que les positivistes se sont posé, et, avec leur idée du perfectionnement indéfini de l'humanité, ils n'ont pas hésité à reconnaître que non seulement l'homme pouvait se perfectionner individuellement, mais que l'humanité était appelée à se moraliser de plus en plus, et que l'accomplissement du bien n'était réel que s'il se faisait consciemment et intelligemment.

Il en résulte une grande défiance contre tout ce qui, dans la Morale, est intuitif, automatique, suggestif ; et que tous nos bons mouvements, quelques beaux effets qu'ils aient, n'ont droit de cité dans cette philosophie que s'ils peuvent être expliqués, analysés, illuminés, justifiés, pesés à la balance de la raison, de manière à ce que la Morale n'échappe pas à cette Loi du Progrès qui entraîne toutes les choses et tous les êtres vers cet idéal d'intelligence et de bien-être qui semble être le but de notre destinée.

I

Dans cet esprit, les positivistes ont cherché à enlever à la morale ce qu'elle a d'éternel, d'immuable, et ils ont professé qu'elle est, comme toutes choses en ce monde, dans un perpétuel *devenir*. Ils ont cherché aussi à lui enlever ce qu'elle a de naturel, car, si elle est conforme à la nature, si les mouvements qu'elle suggère sont communs à tous les hommes depuis l'origine de l'humanité, aux ignorants comme aux savants, aux sauvages comme aux hommes civilisés, tout le progrès concevable ne la changera pas, et elle échappera à l'évolution positiviste, ce qui serait intolérable à des hommes qui veulent discipliner toute l'humanité.

Ils ont donc été contraints, par la force de leur système, à faire de la Morale une chose artificielle, progressive, contingente, niant tout *impératif catégorique*, se déclarant contre tous les mouvements aveugles, et n'admettant que des suggestions éclairées, soit par l'intérêt bien entendu, soit par le sentiment de la solidarité humaine, toutes choses faisant de la Morale un succédané de l'intelligence, et lui enlevant tout caractère de contrainte, et tout ce que, jusqu'à ce jour, on a été convenu d'appeler *le devoir*.

De cette complexion d'esprit est sorti l'antagonisme entre l'égoïsme, et ce que les positivistes appellent *l'altruisme*, l'égoïsme étant le sentiment primitif, naturel, aveugle, et l'altruisme étant le sentiment réfléchi, intelligent, progressif ; et c'est la lutte entre ces deux principes, et la prédominance de plus en plus grande du dernier sur le premier qui, à leurs yeux, constitue la *Morale*.

II

Partant de cette idée, ils ont mis les uns et les autres beaucoup d'ingéniosité à nous démontrer la genèse de la Morale, ses premiers bégaiements, ses développements, et enfin les grandes lumières qu'elle doit à l'avènement de l'esprit scientifique. Mais surtout ils nous mettent en garde contre le faux prestige de ce que nous regardons généralement comme spontané, instinctif, déclarant que tout ce qui nous est naturel ne l'est devenu que par des habitudes héréditaires dont nous sommes les dupes ; que les choses qui nous paraissent spontanées ne le sont aucunement, que c'est une pure illusion de notre esprit de les prendre pour telles, et que le moindre de nos mouvements est le fruit de vingt ou trente siècles de tâtonnements, d'essais avortés, et de raisonnements accumulés. Pour Stuart Mill, par exemple, la conception de la Morale est celle de l'utilité sociale. Il n'y a de Morale que pour l'homme qui a conscience de l'intérêt général. Il est dupe du sentiment de l'utilité sociale, alors même qu'il croit agir de la manière la plus désintéressée, car son désintéressement même prouve qu'il met l'intérêt social au-dessus de toutes choses. — Vous cherchez, nous dit-il, *l'impératif catégorique*; il est là, dans l'utilité sociale ; car quoi de plus impératif que la satisfaction d'un besoin ? Et plus ce besoin est élevé, comme, par exemple, le sentiment de la solidarité, de la défense sociales, plus vous vous approchez de ce que vous croyez être une loi inscrite dans vos cœurs, plus vous vous dépouillez de l'égoïsme. Vous voyez un intérêt supérieur, qui, par l'effet de l'habitude, prend l'aspect d'une loi. Voilà la loi morale.

La Morale dépend ainsi de l'association de nos idées. Elle est le fruit d'un long travail ; et l'on ne se douterait pas combien celui qui agit bien, dans toute la simplicité de son cœur, agit artificiellement, sans le savoir. Car, par exemple, quand vous dites la vérité au lieu de mentir, vous croyez peut être suivre l'impulsion de votre cœur qui vous porte à dire la vérité ? Erreur. Votre franchise est le fruit du calcul le plus subtil qui se puisse concevoir. Le premier homme qui a dit la vérité a remarqué que dire la vérité tend à augmenter le bonheur de l'humanité ; et, par l'effet de l'habitude, associant sans cesse l'idée de ce bonheur à celle d'être franc, il a créé un besoin dont ses descendants ont hérité. Nous approuvons ce qui engendre le bonheur; nous désapprouvons ce qui s'oppose à ce bonheur. De là les jugements moraux. Vous en doutez? Choisissons un exemple bien simple qui vous convaincra. Croyez-vous, par exemple, que l'homme qui aime l'argent l'aime pour l'argent lui-même? Non, c'est pour les agréments, les commodités qu'il nous procure. Il se résume pour vous en du luxe, des femmes, des chevaux, de la bonne chère. Eh bien! dira-t-on dans le monde qu'un homme qui s'enrichit pour se procurer tous ces plaisirs n'aime que ces plaisirs? Non, on dira qu'il aime l'argent. On prend la cause pour l'effet; on associe l'idée de l'argent à celle des biens qu'il produit. Néanmoins cette association se grave tellement dans l'esprit humain que l'amour de l'argent devient comme le sentiment principal au détriment de l'amour des commodités qu'il engendre; et alors vraiment on peut dire que l'argent est aimé pour lui-même. Il en est de même de la vertu. On s'aperçoit qu'elle produit le bonheur. Nous nous y attachons parce que nous aimons à être heureux. Mais l'association entre la vertu et le bonheur devient si étroite, qu'elle est bientôt indissoluble, et nous en venons à nous persuader que c'est la vertu que nous aimons; et la vertu prend alors tellement le rôle principal dans notre esprit, que souvent nous négligeons cette idée du bonheur que nous y croyons toujours attachée et qui ne l'est pas toujours, et que nous devenons désintéressés par distraction.

— Fort bien : mais pourquoi l'homme qui a dit le premier la vérité s'est-il avisé d'être franc si rien ne l'y poussait ? Car il ne pouvait le faire par intelligence ni par calcul, ces deux facultés étant la suite de longues associations d'idées. C'est donc, direz-vous, le hasard qui a provoqué une expérience dont l'humanité a profité. Mais qui nous dit que l'acte de dire la vérité profite toujours à l'intérêt général. Que pensez-vous, par exemple, d'un homme qui mentirait pour sauver son pays ? Que faites-vous de tous ces stratagèmes, de ces ruses de guerre, de ces fausses attaques et de ces fausses retraites imaginées pour tromper l'ennemi, c'est-à-dire pour faire le mal, si vous n'écoutez que votre système ? Que dites-vous encore de ces réticences, de ces silences sublimes, comme celui de Régulus, qui sauvent l'honneur d'une nation ? Comment jugerez-vous ces restrictions mentales, que certains casuistes ont justifiées, que le monde amnistie, que l'intérêt général souvent excuse ? La plupart des contrats seraient invalidés si l'on n'adoptait pas pour règle qu'on ne peut dire que la vérité qui nous est utile, ne parler que des avantages des choses, et en dissimuler les inconvénients. Est-ce là, dire la vérité ? Et où est là l'intérêt général ? On peut dire que l'intérêt général, c'est-à-dire la stabilité de la propriété des fortunes, la facilité des transactions, l'existence même des États, consistent à ce que l'intérêt particulier soit assouvi. Car, ou bien la raison d'État n'est rien, ou bien elle est la justification de bien des mensonges, de bien des convoitises, de bien des compromis louches et de mille excès de pouvoir. Et que devient l'intérêt social, si les

Etats périssent par trop de puritanisme, si les fortunes se dissolvent par trop de scrupules, si le désintéressement produit l'insouciance et le détachement des biens de la terre, si la crainte du secret et de la dissimulation invalide toutes les transactions, si la générosité détruit l'amour du gain et l'esprit de conservation, conséquemment la propriété et l'hérédité, les deux pierres de touche de notre ordre social ? Confessez donc que la Morale et l'intérêt général ou particulier (1) ont deux domaines essentiellement distincts ; qu'on enlève à l'une ce qu'on accorde aux autres ; que la Morale n'est qu'une conception désintéressée des choses ; qu'une saine vue de l'intérêt général purifie l'égoïsme mais ne le diminue pas ; et qu'on ne peut pratiquer la vertu qu'en se mettant au dessus de tous les intérêts, ou qu'en les ignorant, preuve incontestable que la simplicité d'esprit ou un absolu détachement sont l'absolue condition de la liberté des mouvements du cœur.

III

M. Littré, à son tour, nous donne sa théorie sur les *Origines organiques de la Morale* (2). Pourquoi l'homme n'acquerrait-il pas la science du bien comme il acquiert celle des langues et des mathématiques ? Pourquoi l'intelligence, et une intelligence éclairée, ne lui servirait elle pas dans un domaine où il a si besoin de clairvoyance et de logique ? Faudra-t-il toujours dire que, si l'homme est moral, c'est malgré

---

(1) « Notre intérêt, dit Pascal, est admirable pour nous crever les yeux agréablement. »

(2) *Revue positive*, Janvier 1870.

la science? Et ne peut-on pas affirmer que c'est parce que nous avons perdu la science du bien et du mal que nous sommes immoraux, et que cette science est à reconquérir péniblement, lentement, comme toutes celles que la scolastique, la sophistique, et la métaphysique ont dénaturées ?

Dans cette persuasion, M. Littré dégage la science du bien et du mal de tout l'échafaudage de préjugés que les siècles y ont apportés. Quelle est la genèse de la Morale ? C'est assurément un premier mouvement de l'homme, aveugle, automatique, qui n'a rien de moral, bien au contraire, mais d'où découlera peu à peu une notion réfléchie et de plus en plus moralisatrice. L'individu qui naît et qui croît ne voit d'abord que lui : de là ce besoin de défense et de conservation qui est invincible. Mais la nature le porte aussi à se multiplier ; alors il sort de cet égoïsme primitif pour songer à la conservation de la famille, de la race, de l'espèce humaine. Or quelle est l'action que les phénomènes matériels exercent sur notre esprit? C'est de produire des idées, c'est-à-dire des images qui s'impriment dans notre esprit d'une manière inébranlable. N'y a-t-il pas, à côté de cela, des phénomènes internes, qui sont les mouvements de notre cœur ? Ces mouvements ne produisent pas des images, mais des *sentiments*, qui ont toute la force de nos idées acquises. C'est dans la lutte de ces sentiments que s'exerce l'action morale. Nous sommes *égoïstes*, quand nous ne songeons qu'à la conservation de notre personne ; nous sommes *altruistes*, quand nous faisons prédominer le sentiment de la conservation sociale. De là la Morale positive.

— Mais, direz-vous, l'homme n'est-il pas libre de préférer l'un ou l'autre de ces sentiments, et alors où est la sanction ? où est la contrainte ? où est l'impératif catégorique ? — Vous n'y êtes pas, répond M. Littré : il n'y a pas contrainte ; il y a choix éclairé, et le mérite de notre Morale n'est pas de préférer tel mouvement à un autre mais de savoir pourquoi nous le préferons. — Soit, mais encore faut-il que cette préférence elle-même soit obligée. autrement la Morale serait le probabilisme, l'indifférentisme, la casuistique. — Pour vous répondre, dit Littré, il faut que je vous ramène aux principes de la *biologie*. Vous savez que cette science est l'étude des conditions de la vie, soit physique, soit intellectuelle. Les conditions de la vie sont différentes pour les divers organismes. Cela dépend des milieux dans lesquels ils évoluent. Il ne leur reste qu'à périr ou qu'à s'y adapter. Il en résulte que les organismes les plus forts sont les seuls qui résistent ; les autres languissent et meurent. Mais pourquoi meurent-ils ? C'est parce qu'ils sont trop simples, trop primitifs pour s'adapter à la complexité de tous les milieux qui les régissent. Ceux qui s'en accommodent sont vivaces et forts : aussi en acquièrent-ils une supériorité de développement, et qu'en résulte-t-il, sinon que le simple est inférieur au complexe, c'est-à-dire que nos mouvements primordiaux et originaires, tels que par exemple l'égoïsme, sont inférieurs aux mouvements plus compliqués de l'altruisme ? Vous voyez donc que des organes plus développés ont des fonctions plus hautes, plus éminentes que les organismes simples. Ainsi la contrainte existe, mais une contrainte toute naturelle, qui est la suite du développement de l'être, et, ce développement n'ayant pas de terme, le sentiment altruiste prévaudra de plus en plus, et la primauté appartiendra forcément aux mouvements qui ont pour but le bonheur de l'humanité.

Voulez-vous une autre preuve de l'excellence et de la prédominance des sentiments altruistes ? Cherchons-la dans le mécanisme des lois de l'intelligence. (1) Convenez qu'il y a, dans le fonctionnement de ces lois un tyran auquel rien ne résiste, c'est l'évidence. L'esprit est porté du côté de l'évidence par une coaction telle, que le fameux *impératif* moral de Kant est faible en présence de cette poussée. Les sceptiques et les libertins qui prétendent que nous n'obéissons pas sont ou bien naïfs ou bien peu clairvoyants. L'intelligence n'est qu'un aquiescement à des lois inéluctables. Or, dans la sphère des choses absolument désintéressées et intellectuelles, nous obéissons à deux mobiles irrésistibles, à la science et à l'idée de justice. Ne pourrait-on pas confondre ces deux puissants mobiles en un impératif commun, qui ne différerait que par le moyen de coaction, tout en ayant le même principe d'évidence ? Quand nous obéissons à la justice, n'obéissons-nous pas à des convictions semblables à celles que nous impose la vue d'une vérité ? Des deux côtés l'assentiment est commandé : d'un côté il s'appelle *démonstration*, de l'autre, il s'appelle *devoir*.

— Votre hypothèse est ingénieuse : mais combien

(1) Voir, à cet égard, le livre de Littré intitulé : *La Science au point de vue philosophique*, au chapitre, *Origine de l'idée de Justice*.

il vous faut de détours pour arriver à ce que nos pères appelaient tout simplement la *voix* de la conscience ! Ils n'allaient pas aussi loin que vous, car ils reconnaissaient que cette voix est souvent obscurcie, affaiblie, que l'homme aime à se tromper, que les sophismes l'égarent : aussi n'étaient-ils pas aussi sûrs que vous qu'il suffit de bien voir son devoir pour le pratiquer. Car nous avons d'autres maladies que celles de l'intelligence, ce sont celles de la volonté, et la langueur ou l'indifférence nous empêchent de pratiquer ce qui s'impose à notre esprit. Aussi demandaient-ils à la religion, à la philosophie d'incliner leur cœur à faire le bien. Ce qui prouve que la morale n'est pas une science d'évidence, mais un champ de luttes et de combats. La voix de la conscience est ce qu'il y a de plus difficile à dégager. Si cette voix était claire, aurions-nous tant de casuistes ? ferait-on tant de distinctions et d'exceptions ? N'est-ce pas parce que la Morale est une chose simple, qu'elle a à lutter avec toutes les complexités dont vous nous parliez ? Le développement de l'humanité ne raffine-t-il pas le sentiment de l'égoïsme, au lieu de l'affaiblir ? Ayant à sauver notre faible personne de toutes les causes de tyrannie qui la menacent, ne sommes-nous pas portés de plus en plus à cet égoïsme transcendant qu'on appelle l'*individualisme ?* Et quand l'intérêt social multiplie nos devoirs, sont-ce des devoirs, qu'on peut appeler naturels, dictés par la conscience, ou ne sont-ce pas plutôt des capitulations de conscience, des diminutions de notre être moral, des sacrifices imposés, mais non acceptés ? Quoi qu'il en soit, pour nous rendre l'altruisme léger, commode, facile à pratiquer, il nous faut plus que de la raison, que de l'intelligence; il nous faut ce ressort puissant, qui dépend du cœur seul, qui est l'apanage du pauvre d'esprit comme du philosophe, à savoir l'amour de l'humanité, la charité.

IV

— Erreur ! nous crie Herbert Spencer. La morale n'est pas le sacrifice: c'est l'acquiescement joyeux et agréable au bien. Un acte moral est un acte conforme à la nature, et la nature n'est pas immorale. Il faut tout d'abord écarter les sophismes qui l'ont fait passer pour telle jusqu'à ce jour, et la rétablir dans sa vertu primitive, dans sa pleine et immuable majesté.

Ce qui a trompé les hommes jusqu'à ce jour, et les Moralistes comme tous les autres, c'est l'idée que la Morale était une chose surnaturelle et surhumaine, un idéal auquel ne pouvait atteindre qu'une humanité purifiée et transformée. Les Stoïciens seuls ont eu l'intuition de ce qu'elle devait être avec leur fameux principe : *Vivre selon la nature, naturam sequere.* Mais la nature, telle qu'ils la concevaient, était tellement au-dessus de la nature ordinaire, qu'elle n'était qu'un autre idéal, aussi décevant que tous ceux qui ont trompé jusqu'à ce jour les philosophes qui ont traité des devoirs de l'homme. Le principe commun à presque toutes les écoles de moralistes (je mets de côté les cyniques et les sophistes) était que, pour nous perfectionner, il faut dépouiller l'homme. De sorte qu'il semblerait que, de par la nature, nous ne sommes que des bêtes, et que le développement du peu qu'il y a d'humain en nous ne peut se faire que par quelque chose de supérieur à l'homme. Ou plutôt il n'y a pas de développement d'un germe inné ; il y a transformation, régénération ; et l'homme ne peut arriver à la pratique de la vertu qu'en cessant, pour ainsi dire d'être un homme.

On est arrivé ainsi à une Morale transcendante, qui est l'une des plus belles conceptions de la raison humaine ; mais c'est une œuvre rationnelle, et partant artificielle. Car voyez, à part quelques exemples d'abnégation sublime, le peu d'influence qu'elle a eu sur l'humanité. Les œuvres de la raison pure ont cela contre elles, c'est qu'on les traite volontiers de sophismes, parce qu'elles se font dans un domaine parallèle à celui de nos passions et de nos habitudes. Aussi certains moralistes ont-ils dit : « Purifiez les passions » ; et ils ont eu raison. D'autres ont prêché le retour à la nature comme source de tout bien, et c'est à merveille. Mais ils n'ont pas fait assez. Il faut montrer le développement du bon naturel chez l'homme ; il faut montrer le progrès de l'instinct du bien ; il faut faire rentrer la morale dans cette loi d'évolution qui enveloppe toutes les choses humaines (1); et l'on en arrivera à cette conclusion, que le perfectionnement individuel se lie au perfectionnement de l'espèce humaine, que la morale est une œuvre de progrès graduel, et non de raison intuitive ou raisonnante, et que les

(1) Voir, à cet égard, le *Résumé de la Philosophie d'Herbert Spencer*, par Haward Collins, Chapitre XXIV, les *Données de la Morale*, page 518.

hommes ne pourraient être, dans l'état actuel du progrès humain, plus moraux qu'ils ne sont.

— Voilà une justification de bien des désordres. Mais je ne sais s'il n'y a pas de danger à dire que la morale n'est que la nature bien comprise ou bien pressentie. Car quelle est la sanction d'un pareil pressentiment ? Et quel mérite avons-nous à faire le bien ou à éviter le mal, si la perception confuse du bien de l'humanité nous y pousse ?

— Les conditions du développement de l'humanité ne sont pas aussi aisées à concevoir que vous le croyez. Les voies de la nature sont simples, il est vrai ; mais elles sont obscures ; et l'intuition de cette simplicité est la dernière chose à laquelle arrivent nos facultés si compliquées. Or, s'il y a quelque mérite, c'est d'arriver à cette simplicité, c'est de secouer le préjugé qui nous fait croire que la vérité ne se trouve qu'au bout de longs et pénibles raisonnements. Combien peu d'hommes y arrivent, vous le savez. Plus ils s'éloignent de la nature, plus ils se perdent dans les subtilités. Que de chimères n'a pas engendrées cette fausse idée que « suivre la nature », c'est se perdre ! Les uns ont imaginé un règne parallèle ou complètement opposé à celui de la nature, qu'ils ont appelé le *règne de la Grâce*. Les autres ont placé la Morale dans un monde idéal. Ils ont prétendu que l'origine du bien et du mal réside dans l'idée abstraite de la loi. On ne saurait imaginer une conception plus fertile en conséquences désastreuses. Car c'est établir le règne de la convention dans les rapports humains ; c'est professer que la Morale est une chose *subjective*, comme disait Kant ;

et, de fait, le philosophe de Kœnigsberg ne l'a que trop laissé entendre. Mais voyez les conséquences. De là l'arbitraire de tant de législations, de tant de codes de mœurs ; de là la sophistique, empoisonnant les notions naturelles ; de là les antinomies, les contradictions, la casuistique enfin faisant le tourment de tant de générations ; de là la chimère de la Morale *indépendante*, comme si la chose qui tient si fort à l'essence et à la destinée des hommes pouvait être indépendante d'eux ! Chassez l'artifice : il revient au galop. Ce que l'homme a voulu mettre de lui-même dans sa destinée, dans sa conduite, l'a toujours gâté ; et jugez combien tant de siècles d'artifice rendent difficile l'intuition de sa nature, et le développement normal de son être. Vous comprendrez ainsi que la Morale est dans l'enfance.

— Il me semble qu'il n'y a que profit à hausser, aux yeux des hommes, le sentiment de leurs obligations. Ces retours à la nature ont toujours été le règne des instincts, et ce ne sont pas les plus nobles, vous le savez, qui l'emportent. Rappelez-vous ce qu'on disait des pourceaux d'Épicure, qui pourtant valait mieux que sa réputation : *Epicuri de grege porcos*. Il est difficile que la Morale du plaisir ne ressorte pas d'un système où les mouvements de la nature sont glorifiés, et où la satisfaction des besoins de notre être est la loi suprême.

— Ah ! voilà où je veux vous confondre. La Morale du plaisir ! Mais il n'y en a pas, au fond, d'autre. Tout, dans la nature, nous ramène à ce que nous appelons l'*hédonisme*. Mais ne prenez pas ce mot en mauvaise part. Pour nous le plaisir comprend tous les mobiles qui conduisent l'homme à sa véritable fin. Il n'y a de vraiment immoral que ce qui contrarie l'évolution humaine. Si la Morale doit contrarier cette évolution, elle est artificielle, et partant fausse. Cette évolution, sans doute, ne se fait pas sans peine. La prédominance des éléments forts sur les éléments faibles occasionne bien des sacrifices. C'est pourquoi l'on a dit souvent que la nature est injuste, qu'elle est une marâtre. C'est notre manière de nous plaindre, à nous, ses faibles jouets. Mais cette tyrannie n'est que passagère : une fois que nous nous sentons en harmonie avec l'ordre des choses, notre révolte se change en une véritable jouissance. En définitive, tout ce qui aide au but final, ou, si vous le préférez, au plan providentiel, cause à celui qui y coopère une véritable satisfaction. Voilà pourquoi l'on peut dire qu'il n'y a rien d'immoral dans la nature, que tout ce qui aide la nature, est moral. Au risque de vous scandaliser, j'irai plus loin, et je vous dirai que l'accomplissement de chaque fonction naturelle est, dans un sens, une obligation morale (1).

— Eh quoi ! la nutrition, le sommeil, la reproduction, la défense individuelle, l'appropriation et la culture des biens, voilà, selon vous, autant de vertus !

— Rassurez-vous ; je ne mets point ces actes au rang des vertus cardinales. Mais je veux anéantir le préjugé qui consiste à dire que la Morale doit vaincre la nature, qu'elle est une réaction contre la vie animale, et que notre perfectionnemet consiste à dépasser, pour ainsi

---

(1) *Résumé de la Philosophie d'Herbert Spencer*, par H. Collins. Les *Données de la Morale,* chapitre XXIV, page 520.

dire, la condition humaine, et à nous faire plus qu'hommes. Eh ! non : notre perfectionnement consiste à nous mettre d'accord avec notre nature et notre condition d'hommes, à fondre toutes les dissonances qui peuvent se produire dans notre conduite en une merveilleuse harmonie. Je ne sais plus quel philosophe disait que « la Morale est un équilibre ». C'était, je crois, Aristote. Il avait raison. L'humanité n'a que faire des ascètes ou des libertins qui outrent tout en sens divers, des bouddhistes qui se laissent mourir pour l'amour de l'anéantissement, des misanthropes et des pessimistes qui prêchent la haine des hommes pour s'en faire admirer, de tous les déséquilibrés enfin qui n'ont aucune règle ni aucune boussole. Ces déformations viennent de l'anarchie morale qui a régné jusqu'à ce jour dans la sphère intellectuelle de l'humanité. Chacun se fait sa morale, parce que l'une des prétentions les plus enracinées de l'homme est qu'il est libre de se conduire, et qu'il a, pour cela, un flambeau qui ne peut le tromper. Voilà où nous ont menés les rêveries de la Morale dite *intuitive*. Au lieu de suivre la nature, c'est-à-dire la raison suprême, on ne suit plus que son imagination. Chacun renchérit en austérités et en bizarreries sur son voisin. Quoi de plus propre à discréditer la Morale que ces fantaisies ? Ne devient-elle pas ainsi un édifice sans base, une gageure où l'esprit de singularité fait les principaux frais ? Le particularisme moral amène à la sophistication, comme tout ce qui en est en deçà ou au delà de la commune mesure. Les Pharisiens autrefois s'enorgueillissaient de ne pas ressembler aux autres hommes, fourbes, menteurs, voleurs, et ce qui s'ensuit. Ne sommes nous pas, nous aussi, un peu pharisiens, c'est-à-dire tentés d'appeler *vertu* ce qui nous distingue ? Et que s'ensuit-il ? C'est que la Morale, qui devrait être le trait d'union de l'humanité, est devenue un principe de dispersion, de dissémination. Chacun est tellement jaloux de se conduire seul, qu'il met sa morale comme dans une citadelle inexpugnable, et que la chose qui importe le plus à l'ordre général est ainsi à la discrétion des particuliers.

— Mais quel est le remède à cette dispersion ? La dignité, pour ne pas dire l'orgueil de l'homme le pousse à acquérir de lui-même les notions du bien et du mal. C'est même la condition de son excellence, car, pour être meilleur, je ne sais pas s'il ne faut pas plutôt chercher à différer des hommes qu'à leur ressembler.

— Vous m'entendez mal. Il ne s'agit pas de ressembler à tous les hommes, mais d'avoir le sentiment de la loi mystérieuse qui les unit. En un mot, il faut avoir en soi l'esprit de l'humanité. Le particularisme ne sert pas plus en morale que dans tout le reste. Ce particularisme n'est qu'un reste des anciens préjugés. Mais ce qui paraît évident, c'est que, la Morale existant actuellement dans l'humanité à l'état d'anarchie, elle s'organisera de mieux en mieux avec le progrès de l'évolution. Vous me direz qu'on ne s'aperçoit guère de ce commencement de coordination. Il est vrai, si l'on s'en tient aux apparences. Mais interrogez les hommes les plus différents d'opinion et de complexion, et demandez-leur si la vie est une bonne chose. Les uns l'affirmeront, les autres le nieront, mais tous seront d'accord que, si la vie apporte plus de bonheur que de malheur, il faut l'aimer, et nous consacrer à conserver l'individu, la famille et la société (1). Tous les pessimistes seraient convertis, si vous pouviez leur donner cette confiance. Ainsi la dispersion morale serait déjà conjurée en partie si tout le monde convenait qu'à tout bien prendre la vie est un bien. Mais ceux mêmes qui en doutent, où placent-ils le bien ? Dans une autre vie. Ce qui prouve que s'il y a une loi généralement établie, c'est le besoin de bonheur. Montrer que ce bonheur peut être, au moins en partie, assouvi sur cette terre, qu'il se rattache au respect et au bon fonctionnement des lois du monde, qu'il consiste dans ce bel équilibre dont nous venons de parler, c'est-à-dire dans l'harmonie entre nos besoins et la nature des choses, entre nos aspirations et nos facultés, telle doit être la mission des Moralistes.

— Mais le bonheur n'est-il pas une base décevante pour la Morale, puisqu'il suffit de l'avoir pour ne pas le ressentir, et que, nous échappant sans cesse par l'infirmité même de notre nature, il ne peut déterminer qu'un état d'esprit inquiet, fugitif, troublé, et contraire, par là-même, à toute idée de bonheur ?

— L'idée du bonheur est comme toutes celles sur lesquelles l'ancienne métaphysique a subtilisé. On en a fait une *entité*, une chimère, un mirage éblouissant ; et l'on n'a pas vu qu'il suffit de l'établir comme but pour qu'il n'existe plus. Les hommes se sont mis à le

---

(1) Ibidem. Les *données de la Morale*, § III. La *bonne et la mauvaise conduite*.

poursuivre, comme jadis Don Quichotte poursuivait la chimère de sa Dulcinée. De là tant de désillusions, tant de désespoirs, tant de pessimisme, tant de douloureuses catastrophes. Il en sera toujours ainsi tant qu'on prêchera l'idéal. Le bonheur, dit-on, est extérieur aux choses. Non, il est dans les choses mêmes ; il est en nous, dans l'accomplissement de notre fin d'hommes. Vainement tant de philosophes, naturellement heureux, se sont efforcés de rendre le bonheur accessible. Combien de prosélytes ont-ils faits ? Et pourquoi n'ont-ils pas réussi ? C'est parce que leur recherche de bonheur est tout individuelle, et conséquemment artificielle. Ils ont fait de la loi du devoir une loi parallèle à celle de la nature, mais qui ne se confond pas avec elle. De sorte que leur Morale manque de base, puisque tout ce qui n'est pas fondé en nature est bâti sur le sable. Elle revient toujours à être le moins hommes que possible, c'est-à-dire à se détacher de l'humanité, alors qu'il faudrait s'y rattacher le plus étroitement possible.

— Je vois où vous voulez en venir. Vous voulez établir que la Morale consiste dans la conception transcendante que nous nous faisons de notre nature. Mais alors n'en sommes-nous pas un peu les juges ? et ne l'exposez-vous pas aux caprices du sens individuel ?

— Vous comprenez mal ma pensée. Il est vrai que la conception de la Morale dépend de la véritable raison que nous faisons des choses. Mais cette raison n'est pas la raison individuelle : elle est cette raison générale et supérieure, dont la nôtre n'est qu'une infime parcelle. Je l'appellerai, si vous le voulez, « la raison d'être de l'humanité » *ratio humana*, comme disaient les Anciens. Cette raison comprend les conditions d'existence et de développement de notre espèce. ainsi que les conditions de son perfectionnement. Il s'ensuit que tout ce qui pourrait contrarier ou entraver l'évolution de l'humanité ne peut être ni bon, ni rationnel. Il n'est pas plus de notre nature d'être des demi-dieux que des bêtes. Voilà pourtant à quoi se réduisent tous les systèmes de conduite, et tous les Codes de Morale qui sont éclos depuis l'origine de l'humanité. La Morale, disent les uns, est une dérogation aux lois de la Nature. La Morale, disent les autres, est notre instinct érigé en règle. Erreur des deux côtés. La Morale est l'acquiescement aux conditions d'existence et de conservation de l'humanité ; et comme nous ne pouvons être ni bons ni vertueux que par ce qui rend les autres hommes bons et vertueux, il s'ensuit que tout empiétement du sens individuel sur ce domaine est néfaste et dangereux. Les théologiens avaient raison quand ils demandaient à Dieu d'incliner notre cœur au bien. C'est à quoi, en effet, il faut arriver. Il faut arriver, en d'autres termes, à ce que la morale nous devienne naturelle. Les dehors de contrainte qu'elle affecte chez les gens que nous appelons scrupuleux, et qui nous la rendent parfois si dure et si rebutante, viennent de ce qu'elle est encore à un degré d'évolution imparfait. Si vous étiez plus *évolutionniste* que vous ne l'êtes, je vous dirais qu'elle est *dans le devenir*. Si le devoir coûte à remplir, c'est que la Morale n'est pas encore organisée. Elle n'est pas: elle se fait.

— Vous me faites peur, en effet, en reléguant ainsi l'accomplissement de la Morale dans un avenir indéfini. Mais où se placent, dans votre système, ces étonnants précurseurs, ces héros d'abnégation et de vertu, qui ont modelé l'humanité de manière à empêcher singulièrement toute évolution naturelle ? Si bien que nous ne pensons, que nous n'agissons que par l'impulsion qu'ils ont donnée. Ont-ils dévié le cours de la nature ? l'ont-ils corrigée ? Leur raison n'était-elle qu'une émanation grandiose de la raison universelle ? Mais qui leur a permis de devancer ainsi la juste conception des choses ? Et pourquoi, méprisant les lois de l'évolution, regardons-nous en arrière quand nous devrions regarder devant nous ? Pourquoi considérons-nous les choses en Chrétiens, en Bouddhistes, en Mahométans, en Israélites, au lieu de les considérer en philosophes, en positivistes ? Sommes-nous dupes de quelque sortilège ? ou bien par un coup de génie, ferez-vous rentrer ces grandes figures dans l'évolution même contre laquelle ils paraissent une conspiration flagrante ?

— Vous croyez me prendre au dépourvu ; mais ces grandes singularités de l'histoire de l'humanité ne sont pas aussi malaisées à expliquer que vous le croyez. Pour peu que vous examiniez, en effet, l'éclosion des grands systèmes religieux et moraux, vous verrez qu'ils ne sont, à bien le prendre, que la concentration, que le résumé d'une évolution. On croit que le monde n'est chrétien que depuis Jésus-Christ. Non, il l'était auparavant, implicitement, inconsciemment, par le progrès des idées mosaïstes, messianiques, stoïciennes, et néo-platoniciennes. Jésus a donné au monde la conscience du christianisme, et voilà pourquoi l'humanité s'y est reconnue, a embrassé l'Evangile avec ardeur, a démoli les idoles, et a consacré les idées de charité et de fraternité. C'est sur ces bases que l'évolution de l'humanité a continué, car le christianisme, malgré l'étonnante révolution qu'il a produite, n'a été qu'un commencement de conscience des lois de l'humanité. Cette conscience ne fera que s'accroître par l'évolution, et la Morale ne sera parfaite que lorsque ces lois seront tout à fait connues.

Mais, pour en revenir au vrai point de notre entretien, le vrai progrès moral serait donc de faire naturellement les actes moraux que nous faisons aujourd'hui par contrainte, en vertu de ce que vous appelez l'*impératif catégorique*. Y arriverons-nous ? Il y a toute apparence. Car pourquoi la contrainte existe-t-elle ? C'est précisément parce que l'évolution morale n'a pas atteint son plein développement. Dit-on d'un homme qui respire qu'il est obligé de respirer ? Dit-on d'un homme qui se défend contre les assauts d'une bête fauve qu'il est obligé de se défendre ? Non, parce que ces actes sont naturels, et que, si l'obligation existe, nous n'en avons pas conscience, tant le besoin de respirer et de nous défendre sont naturels ! L'obligation est une violence faite à la nature; mais supposez que ce que vous dicte l'obligation vous devient naturel, alors l'obligation disparaît. Vous avez des obligations, des devoirs, parce que vous n'êtes pas assez moral ; quand vous serez arrivé au plus haut degré de la moralisation, les actes moraux vous seront aussi aisés et aussi naturels que l'acte de manger ou de dormir (1). Le sentiment du devoir est donc transitoire; il marque une opposition entre les besoins moraux et l'état social. Les uns contrarient l'autre ; la société ne condamne que faiblement ou n'approuve que faiblement aussi ce que prescrit la conscience : il y a manque d'harmonie. Mais ces dissonances ne durent pas dans le monde ; tôt ou tard il y aura adaptation complète de l'élément moral à l'état social ; et il sera alors aussi naturel d'avoir toutes les vertus, qu'il l'est presque aujourd'hui de ne pas les avoir.

— Fort bien : mais que deviennent, dans cet étrange système, le mérite et le démérite, la responsabilité, et l'irresponsabilité.

— Je vais encore vous scandaliser, mais j'irai jusqu'au bout de mes idées. Les notions de mérite et de démérite sont une survivance de l'ancien préjugé qui plaçait l'homme en antagonisme contre la nature, et qui disait que tout son perfectionnement consistait à la vaincre. On s'imaginait que c'était la nature qui nous dictait ces sophismes qui nous empêchent de faire notre devoir; tandis qu'il est évident, au contraire, que ces sophismes ne sont sophismes que parce qu'ils sont contraires à la nature et le fruit d'une imagination corrompue. Sans doute il y a toujours du mérite à bien penser, mais il n'y a pas de mérite à combattre la nature, puisque tout notre effort au contraire doit tendre à nous y conformer. Voilà ce qui renverse toutes les anciennes idées. La Morale n'est pas un combat, mais

(1) Ibidem, page 525.

une adaptation. De là la caducité de l'idée de mérite et de démérite. Nous n'avons plus un prix à remporter. Dans notre choix il n'y a que plus d'intelligence, une notion plus développée de la fin de l'homme et de l'humanité ; et nous serons payés par l'ineffable joie de nous sentir en accord avec l'ordre universel des choses.

— C'est du stoïcisme transcendant que vous nous donnez là. Marc-Aurèle eût été ravi de vous entendre. Mais, quelque naturelle que nous devienne cette Morale, il faudra toujours un mobile pour nous y pousser ; car, malgré votre optimisme, je ne crois pas que les hommes fassent jamais le bien ou le mal par pure spéculation philosophique.

— La Nature, que l'on arrive de plus en plus à bien comprendre, a pourvu à ce besoin d'excitation ou d'avertissement comme elle pourvoit à tout. Elle a en vue la conservation de l'humanité ; et si, jusqu'à ce jour, les moyens de sa conservation physique nous semblent seuls l'objet d'une impulsion irrésistible, il n'y a aucune raison, avec la simplicité de moyens qu'on lui connaît, pour que la fin morale de l'humanité ne soit aussi impérieusement commandée par cette grande ouvrière. Or, par quels moyens assure-t-elle la conservation physique de l'homme et de l'espèce humaine ? Vous mangez parce que la faim vous aiguillonne ; vous dormez, parce que le fait de tenir vos paupières ouvertes vous causerait un malaise intolérable ; vous évitez un obstacle ou une embûche, parce qu'un choc déjà éprouvé vous a causé une vive douleur. Tout besoin ressenti cause de la peine ; tout besoin satisfait cause du plaisir : conséquemment le besoin d'éviter ce qui nous cause de la peine et de rechercher ce qui nous cause du plaisir est le mobile de toute notre conduite physique. C'est pour cela que l'on a dit avec raison « que la souffrance entre dans les fins de l'homme. » Mais, s'il en est de même physiquement et moralement ; si le sentiment des besoins moraux nous cause de la peine ; si, en un mot, il est nécessaire aujourd'hui de souffrir pour se perfectionner, n'arrivera-t-il pas un temps où l'on pourra éviter la souffrance morale, de même que l'on est arrivé à obtenir que moins d'hommes sont torturés par la faim, que moins d'hommes souffrent du froid, que moins d'hommes sont exténués par le travail manuel qu'autrefois ? Nous avons faim et soif de la justice aujourd'hui. Pourquoi ? Parce que la justice n'est pas encore assez répandue. Notre faim est une souffrance, parce que la disette de justice est encore très forte, et que notre désir ne peut être assouvi. Mais franchissez les siècles, et le besoin de justice ne sera plus qu'un aiguillon qui nous invitera doucement à remplir une fonction naturelle. Et l'on ne verra plus cette disproportion si choquante entre les besoins et les actes, qui a fait le tourment de tant de générations. La science morale, la science du bien et du mal, ce beau fruit que nos premiers parents ont voulu ravir à Dieu, favorisera la pratique de la Morale par la plus douce des impulsions, celle du plaisir. Vous voyez que tout nous ramène à l'*hédonisme* ; et il serait, en vérité, illogique que la fin de l'homme fût cherchée par un autre moyen que par une transcendante volupté.

— Vous étiez tout à l'heure stoïcien ; vous voilà devenu épicurien. Mais je vois un obstacle qui pourrait bien apporter quelques tiraillements dans votre hypothèse, c'est l'égoïsme. Car, pour l'écarter, il faudrait que vous pussiez prouver que ce qui est le bien de chacun est le bien de tous. Or le spectacle du monde, et les conflits incessants entre l'intérêt privé et l'intérêt général nous démontrent que, loin de se confondre, ils sont en antagonisme constant. Quelle est, à cet égard, votre pensée ?

— Je ne chercherai pas à diminuer à vos yeux les droits ni les tyrannies de l'égoïsme. On en a fait jusqu'à ce jour un élément qui conspire contre le bonheur social. Je crois qu'on l'a mal entendu. Car, dites-moi, les actes qui rendent possible la continuation de la vie doivent-ils être condamnés ?

— Non, assurément.

— Et ces actes ne sont-ils pas plus importants, plus péremptoires que ceux que la vie, une fois assurée, rend possibles, c'est-à-dire que nous pouvons faire une fois que notre existence est assurée ?

— Oui, certes.

— Cela étant, les premiers d'entre ces actes ne sont-ils pas des actes égoïstes, car quoi de plus propre à nous donner satisfaction que ce qui nous permet de vivre ?

— Sans doute.

— Et les seconds ne sont-ils pas des actes *altruistes*, puisqu'ils n'ont pas pour objet l'intérêt propre de notre existence, ou notre bien-être ?

— Il faut bien que je vous l'accorde.

— Voilà donc une première présomption en faveur d'une certaine légitimité de l'égoïsme. Mais examinons maintenant l'ensemble du monde animé : qu'y voyons-nous ? Nous voyons que les êtres ont progressé des types inférieurs aux types supérieurs ; que les supérieurs profitent de leur supériorité pour éliminer les inférieurs, et que les inférieurs souffrent de cette supériorité. N'y a-t-il pas encore là une certaine loi d'égoïsme transcendant ? et nierez-vous que, dans l'évolution du monde, les droits égoïstes paraissent avoir l'influence ou le pas sur les droits altruistes ?

— Il est difficile de le nier.

— Je prends acte de ce que vous m'accordez ; et je vous demanderai maintenant si les êtres supérieurs, ceux qui conspirent contre les inférieurs, ne sont pas ceux qui sont le mieux armés pour la vie, c'est-à-dire dont les facultés s'ajustent le mieux à leurs conditions d'existence ?

— Apparemment.

— Et ces facultés bien harmonisées n'apportent-elles pas, dans leur exercice, plus de plaisir que de peine ?

— Suivant toute probabilité.

— Les êtres supérieurs sont donc des égoïstes, car ils ont plus souci de leur bien que du bien d'autrui ?(1)

— C'est selon.

— Selon quoi ? Allez-vous me retirer ce que vous m'avez accordé !

(1) Voir ibidem. Les *données de la Morale*, chapitre XI, page 531.

— Non : mais l'on n'est pas égoïste sans avoir conscience de son égoïsme. Les êtres supérieurs dont vous me parlez n'écoutent pas leur intérêt, mais subissent une sorte de fatalisme. Ils sont des privilégiés de la sélection qui s'opère en eux à leur insu, et souvent malgré eux, car ne peut-on pas dire que l'homme travaille trop souvent à se détruire ? Loin donc que ce soit vraiment de l'égoïsme, ce serait plutôt une de ces sortes de duperies dont la nature se sert pour arriver à ses fins. C'est une violence habile faite pour assurer la conservation des êtres ; mais, en subissant cette tyrannie, ils ne voient pas leur bien ; ils y sont poussés par la vertu magique de l'évolution.

— A la bonne heure ! vous voilà déjà à moitié converti. Vous commencez à comprendre les secrets de l'évolution. Je vous accorde que l'égoïsme dont je viens de vous parler n'est pas le véritable égoïsme. Je voulais seulement vous faire comprendre que le bien général paraît souvent se confondre avec le bien particulier. Mais arrivons maintenant à l'égoïsme conscient, et voyons s'il peut se concilier avec l'altruisme. Vous avez cru me prendre en défaut ; le système de l'évolution a réponse à tout. Il ne me sera pas difficile de vous établir que l'égoïsme calculé tourne souvent contre lui-même, car, s'il est souvent un excès de prévoyance, il peut être aussi un défaut de prévoyance. Ainsi, par exemple, cet égoïsme, si l'on peut ainsi parler, qui conserve un esprit vif dans un corps vigoureux ne contribue-t-il pas au bonheur des descendants dont les constitutions fortifiées rendent le travail facile et les plaisirs vifs ? Et un individu, dont la vie bien entretenue se manifeste par une humeur joyeuse ne devient-il pas, par le seul fait de son existence, une source de plaisirs pour tout ce qui l'environne ?

— Fort bien.

— Et, si nous allons encore plus loin, n'est-il pas vrai que celui qui a toujours eu le souci de sa conservation, conserve par là-même le pouvoir d'être utile aux autres, tandis que celui qui a fait preuve d'une abnégation excessive est non seulement incapable d'aider les autres, mais leur inflige même un certain fardeau, puisqu'il a besoin, pour se soutenir, de ceux même qu'il a immodérément aidés ?

— Je vous l'accorde encore.

— Mais inversement l'égoïste qui n'est qu'égoïste ne calcule-t-il pas mal son bonheur ? ne se ferme-t-il pas un vaste domaine de jouissances sociales en ne recevant pas ces exaltations de la joie, et ces adoucissements de la douleur, qui viennent de la sympathie humaine ?

— Sans nul doute.

— Et ne suffit-il pas de se replier sur soi-même pour ne goûter même pas les satisfactions qu'on cherche ? Ces satisfactions s'émoussent par la satiété, même au début de la vie, et disparaissent presque vers son déclin. Tandis qu'il n'y a pas de plus grand adoucissement pour la vieillesse que le souvenir d'avoir été utile ?

— On ne peut le contester.

— Vous voyez donc que l'égoïsme pur et l'altruisme pur sont de fort mauvais calculs. L'un ne voit que le bien présent, et le manque en le désirant trop. L'autre ne voit que le bien futur, mais ce bien peut devenir un mal par l'excès du désintéressement. Toutefois, par cela même que l'un ou l'autre, pris isolément, amènent un bonheur imparfait, il est évident qu'une meilleure règle de conduite doit amener un bonheur plus parfait, et que c'est là où tend la Morale. Aussi ces grandes maximes dans lesquelles se synthétise la Morale de tous les temps, comme, par exemple, la maxime chrétienne : « Aimez votre prochain comme vous-même. » font-elles un compromis entre ces deux principes d'action. Elles sont à la fois égoïstes et non égoïstes, et, n'étant ni l'un ni l'autre, elles sont au-dessus de l'égoïsme et de l'altruisme. Si elles veulent que l'homme se dévoue, elles ne veulent pas que l'homme s'oublie. Et elles donnent la mesure de l'altruisme normal, car elles ne disent pas : « Aimez votre prochain plus que vous-même », mais « Aimez votre prochain comme vous-même, » c'est-à-dire : « Ne vous considérez pas comme un Dieu auquel tout doit revenir : ne vous considérez pas non plus comme une poussière indigne d'attirer vos regards. Mais mettez-vous au rang des autres êtres, et répandez sur tous un large flot de sympathie. Ce n'est qu'en accordant ce qui est dû aux autres que vous vous accorderez ce qui vous est dû à vous-même. »

— Je suis surpris de l'ingéniosité avec laquelle vous attirez à vous les préceptes de l'Evangile. Mais je ne vois pas comment tout cela se concilie avec la théorie de l'Evolution, qui professe que la nature n'a nul souci des individus, et que le bonheur individuel n'est qu'une chimère. Il semble donc que la Nature, à laquelle vous voulez rattacher la Morale, n'est qu'une altruiste, et une altruiste impitoyable. Que faire ? Faut-il la corriger ? Faut-il la mieux interpréter ? Car je ne vois pas comment, de la manière dont vous l'avez conçue il y a un instant, la Morale puisse rester une chose naturelle ?

— Les contradictions que vous me signalez viennent de ce que nous voyons la nature en myopes. Les oppositions disparaissent dès que nous nous mettons au vrai point de vue d'où il faut envisager les choses. Nous avons vu, par exemple, que l'égoïsme peut être une duperie, car c'est souvent un calcul à courte vue. Pour nous assurer un semblant de bonheur ou de bien-être, nous pouvons compromettre tout notre bonheur futur. L'altruisme, à contre-biais, peut être un mauvais calcul, car ce n'est pas en gaspillant notre bonheur que nous pouvons faire celui d'autrui. Tout cela nous ramène à cette grande idée que le calcul, tant celui qui ramène tout à soi, que celui qui donne tout aux autres, doit être banni en Morale. Quand donc nous croyons que le bonheur général s'oppose au bonheur particulier, c'est que nous croyons que le calcul a un grand poids dans le monde, tandis qu'en réalité il n'en a pas. En un mot, les visées de l'homme ne sauraient prévaloir contre celles de la nature. Il n'y a qu'un seul bien dans le monde, c'est le bien général, dont le bien particulier fait partie ; et il est aussi faux de dire que le bonheur personnel est contraire à celui d'autrui, que de dire que le bonheur général est contraire au bonheur individuel. La Morale est donc une affaire de clairvoyance, et c'est pourquoi je vous ai dit qu'elle était dans un *éternel devenir*. Car plus les lumières augmenteront, plus la Morale se perfectionnera, et elle ne sera la vraie Morale que le jour où tout ce qui était jusqu'à ce jour calcul ou entraînement irréfléchi sera devenu une saine vue du bien. C'est ce qu'avait déjà compris Socrate, il y a plus de deux mille ans en disant « que la science et la vertu étaient une seule et même chose. » Nous ne sommes immoraux que parce que nous ne voyons pas, parce que nous ne comprenons pas, parce que nous faisons de faux calculs, parce que nous tâtonnons dans l'ombre, parce que nous prenons l'ivraie pour du bon grain, et parce que notre imagination fait en grande partie les frais de notre Morale.

— Tout cela serait fort bien, s'il n'était pas aussi dans la nature que nous nous trompions, que nous fassions des jugements téméraires, et que nous comprenions mal notre nature même. Voilà donc un grand embarras. Car s'il faut que nous nous transformions pour devenir moraux, s'il faut changer toute notre nature pour rentrer dans la vérité, que devient la véridique, l'incorruptible, la souveraine, l'immaculée nature, qui est le but final de la grande doctrine de l'Evolution ?

— Vous ne comprenez pas encore, à ce que je vois, les mystères de cette grande doctrine. Qui dit *Evolution* ne dit pas changement, mais dit développement, perfectionnement ; et, si nous ne pouvons pas changer notre nature, nous pouvons, du moins, précipiter notre perfectionnement, et aider à l'évolution. Pourquoi voulez-vous qu'une vue plus nette du souverain bien n'incline pas nos actions dans un sens plutôt que dans un autre? Pourquoi voulez-vous que la sympathie pour autrui ne devienne pas pour nous une habitude, comme celle, bien trop répandue, de rapporter tout à nous? Ce n'est pas la première fois que l'humanité se perfectionnerait par voie d'exemple. La Morale se répandra comme le bien-être, comme l'industrie, comme l'art, comme la coopération, comme la science. Ce qui était le lot de quelques natures d'élite deviendra peu à peu le lot de tous les esprits, car ce dont la meilleure nature humaine est capable est à la portée de la nature humaine en général (1). Sans compter que les obstacles qui s'opposent aujourd'hui au bien n'existeront plus. Ils viennent d'un défaut d'adaptation entre le caractère actuel de l'homme et les besoins sociaux. Mais qui nous dit que le caractère de l'homme sera toujours le même? C'est là la fausse base de toutes les écoles de Morale. On argumente toujours sur un homme identique suivant les âges et les milieux, perfectible de lui-même, ou bien voué à une infirmité morale incurable. Eh! non. L'homme changera parce que tout change autour de lui, parce que le milieu modificateur de son organisme moral varie sans cesse et sans repos. Et qui sait si ce que nous prenons aujourd'hui pour la nature humaine n'est pas une habitude prise? Votre Pascal l'insinuait déjà avec une féroce malice. Il disait que la nature était peut-être une première coutume. Avait-il tort? Je ne sais. Mais enfin, puisque tout change et se transforme sans cesse,

(1) Ibidem, chapitre cité, page 538.

cela ne nous permet-il pas de rêver une humanité meilleure ? J'irai même plus loin, jusqu'à soutenir, par exemple, que nos vertus actuelles ne sont que des nécessités d'occasion. Car le propre de la doctrine de l'évolution n'est-il pas de rendre contingentes bien des choses que nous regardions jusqu'à ce jour comme absolues ? Et ne savez-vous pas que c'est le faible de l'esprit humain de faire de certains principes passagers des idoles indestructibles ? Quand donc je vous dirai qu'il arrivera un moment où il ne sera plus nécessaire d'être charitable, généreux, miséricordieux, tempérant, ne vous scandalisez pas trop. N'est-ce pas, en effet, notre faiblesse, et la faiblesse générale qui nécessitent ces vertus ? Et, si nous devenons plus forts, si toute l'humanité devient plus forte moralement, à quoi serviront des étais qui n'auront plus de faiblesses à soutenir ni à soulager ? Concluez donc avec moi que la Morale a ses nécessités comme toutes choses en ce monde ; que les changements qui s'opéreront dans la conduite des hommes ne sont pas des changements de principes, mais une adaptation des principes à des besoins nouveaux. Il n'est pas trop téméraire d'imaginer un temps où le niveau moral sera tellement élevé, qu'il submergera toutes ces vertus singulières suscitées par les nécessités d'un moment. Il y aura, en un mot, trop d'altruisme, pour qu'on puisse être encore altruiste avec quelque mérite ; et tout le monde ser. tellement saturé de bonheur général, que celui qui voudrait soulager des misères ne trouvera plus devant lui que des heureux (1).

(1) Ibidem, page 539.

— Voilà ce qu'autrefois on eût appelé les « Rêves d'un homme de bien. » Ètes-vous en ce moment poète ou philosophe ?

— La poésie et la philosophie se touchent dans la grande conception de *l'éternel devenir*. La caducité des choses et l'éternité du plan apparaissent sans cesse à qui étudie ce majestueux et inéluctable courant. Pourquoi les longues espérances nous seraient-elles donc interdites ? Le poète disait que c'était la brièveté de la vie qui nous les défendait (1). Mais qu'est-ce que notre vie auprès de celle de l'humanité ? et qu'est-ce que la vie de l'humanité auprès de la vie universelle, a côté de laquelle la nôtre n'est qu'un point, et nos actes et nos pensées de misérables ondulations effleurant à peine le grand Océan vital, où des myriades d'êtres viennent s'abreuver et se renouveler sans fin ni repos ?

IV

Telles sont les majestueuses conclusions de la *Morale évolutive* d'Herbert Spencer. C'est la Morale la plus optimiste qui se puisse concevoir, car le spectacle du monde, qui, en général, remplit de dégoût et souvent de désespoir ceux qui méditent sur les mobiles des actions humaines, n'apparaît à l'évolutionniste que comme un phénomène passager, et l'imperfection ne le choque pas, parce qu'elle n'est, à ses yeux, qu'un degré pour arriver à la perfection. Il ne pourrait

(1) *Vita brevis spem vetat nos inchoare longam* (Horace).

y avoir de blâmable pour un tel philosophe, que ce qui choquerait l'évolution régulière des choses ; mais, outre que ces vices ne sont pas facilement perceptibles, et qu'en somme l'évolution en aurait toujours raison, puisqu'elle est un courant inéluctable, il reste que tout se justifie, et que tous les écarts se légitiment. Ce que cette Morale demande à l'homme, ce n'est pas l'effort salutaire, la victoire sur soi-même, c'est l'aquiescement aux choses, autrement dit une résignation transcendante. En quoi elle se rapproche beaucoup de la Morale stoïcienne, sauf que, pour les Stoïciens, l'élément passif était la cause de la faiblesse humaine ; tandis qu'en acceptant l'évolution comme une fatalité, le moraliste évolutionniste est forcément passif. Mais ce ce qu'il y a de plus fallacieux et de plus dangereux dans cette doctrine, c'est qu'elle solidarise l'homme avec le monde. Elle ne dit à pas l'homme : « Perfectionnez-vous » mais « laissez-vous perfectionner par les choses », non pas : « Rentrez en vous-même » mais « Sortez dehors ». La moralité de l'homme devient donc, en quelque sorte, une partie de la Moralité du monde ; mais, comme cette Moralité du monde est fort contestable, qu'il semblerait, au contraire, que la nature est indifférente au bien et au mal, et qu'elle est, en conséquence, immorale, il en ressort que cette confusion avec la nature est une mauvaise école pour le perfectionnement. Il ne semble donc pas que l'homme puisse avoir un autre principe de conduite et de morale que de s'efforcer de valoir mieux que sa nature. A cette condition seule il y a chez lui progrès, et progrès méritoire. La Morale évolutive, en enlevant à l'homme ce puissant ressort, le laisse désarmé contre toutes sortes de séductions, et contre toutes sortes de sophismes dont la subtilité peut aisément le tromper sur sa destinée. Elle aboutit donc au matérialisme, à la soif des jouissances terrestres, et, faute d'arriver à les assouvir, au désenchantement et au pessimisme.

CHAPITRE DIXIÈME

La Sociologie comme couronnement de la Science positiviste. — Prodromes de la Sociologie. — La Sociologie d'Auguste Comte. — La Sociologie d'Herbert Spencer.

L'évolution générale des organismes a pour couronnement l'évolution de la grande Société humaine qu'on peut appeler une pléiade d'organismes intelligents.

Cette évolution, se rationnalisant de plus en plus, donne, selon les positivistes, naissance à la science des sciences, celle qui les confirme et les complète toutes, la *Sociologie*. L'idée que la Société humaine est un organe qui croît, se développe et meurt n'est pas une idée nouvelle. Il y a eu une quantité de sociologues avant la lettre, ou de précurseurs de la sociologie. Montaigne était déjà de son temps un sociologue, et Pascal, et Saint-Evremont, et Bayle, et bien d'autres. Mais, avant eux tous, Platon avait découvert le parallélisme qui existe entre les parties de la société et les facultés de l'esprit humain, et expliqué philosophiquement l'origine de la division du travail dans les sociétés. Hobbes essaya d'établir un parallèle entre la société et le corps humain ; de plus, sa conception de l'Etat comme un organisme, comme un tout vivant, composé de parties entretenant des relations entre elles, fut une véritable découverte sociologique. Vico soutint que les peuples les plus séparés dans l'espace et dans les temps ont suivi à peu près la même ligne de développement dans leur langue et dans leur conception politique. De là à prétendre qu'il y a une logique dans les établissements et même dans les errements humains, il n'y avait qu'un pas. Ce pas fut franchi par Montesquieu. Voilà en quoi Taine l'admirait : « Je n'ai jamais prétendu, écrivait-il à Ernest Havet en 1864, qu'il y eût en histoire, ni dans les sciences morales, de théorêmes analogues à ceux de la géométrie. L'histoire n'a aucune analogie avec elle, mais avec la physiologie et la zoologie. De même qu'il y a des rapports fixes, mais non mesurables quantitativement, entre les organes et les fonctions d'un corps vivant, de même il y a des rapports précis, mais non susceptibles d'évaluations numériques, entre les groupes de faits qui composent la vie sociale et morale... La question se réduit donc à savoir si l'on peut établir des rapports précis, non mesurables, entre les groupes moraux, c'est-à-dire entre la religion, la philosophie, l'état social, etc., d'un siècle ou d'une nation. Ce sont ces rapports précis, ces relations générales nécessaires, que j'appelle *lois* avec Montesquieu... J'ai fait ce que font les zoologistes, lorsque, prenant les poissons et les mammifères, par exemple, ils extraient de toute la classe et de ses innombrables espèces un type idéal, une forme abstraite, commune à tous, persistant en tous, dont tous les traits sont liés, pour montrer comment le type unique, combiné avec les circonstances générales, doit produire les espèces. C'est une construction scientifique semblable à la mienne... Elle traîne par terre depuis Montesquieu ; je l'ai ramassée, voilà tout. »

Les idéologues, réformateurs de la société, vinrent, après cela, apporter leur contingent d'observations sur les vices sociaux, et montrer comment ils comprenaient la société humaine rationnellement. Tout en construisant des édifices idéaux, ils remirent en relief l'œuvre de la nature, montrant qu'elle est la loi suprême et infaillible. Turgot ébaucha l'idée de l'ordre et du progrès social, rejetant toute solution de continuité dans la marche de l'humanité. Enfin Herder, reprenant les idées de Bacon et de Pascal, fit de l'humanité un individu, qui tend, à travers beaucoup de vicissitudes, à la perfection, qu'il n'atteint que dans un autre monde. Joseph de Maistre, lui aussi, comparait la société à un individu qui croît, se développe et meurt. Ainsi s'était esquissée, à travers les siècles, cette idée du grand corps de l'Humanité, corps vivant, souple, flexible et évoluant sans cesse, qui fait l'objet de la grande science de la sociologie.

Auguste Comte, à l'aurore du positivisme, reprit, comme nous l'avons vu, ces théories, et n'eut d'autre mérite que de leur donner une forme systématique. Il s'efforça de prouver que le mouvement du corps social s'opérait rationnellement, qu'il s'était toujours opéré rationnellement et que le couronnement de la science humaine était de trouver la loi de la vie et des mouvements de l'humanité.

Car les idées qui prédominaient à ce moment-là dans la science sociale, comme dans les sciences physiques, c'est que les grands changements qu'offre l'histoire du monde et du globe, s'étaient toujours opérés révolutionnairement, violemment, par chocs et par cataclysmes; que, conséquemment il y avait eu dans le monde, des périodes de repos et d'effervescence, que la passion humaine avait pu avoir quelquefois raison des lois naturelles, et qu'ainsi il n'y avait pas eu, dans le développement social, de continuité : que le progrès avait été conquis, mais non prédéterminé ; et que le calme succédant à la violence, et la violence succédant au calme étaient les deux seuls phénomènes que la Science humaine pût enregistrer, sans pouvoir en donner aucune raison plausible.

Tels étaient les préjugés qui couraient lorsque Comte jeta son coup d'œil d'aigle sur la suite des âges, et découvrit ce qu'il appelait ou ce qu'il croyait être la *loi dynamique de l'histoire* (1). Il trouvait qu'un pareil manque de suite n'est pas le fait d'une humanité organisée, que qui dit *organisation* dit développement régulier, que les raisons particulières supposent une raison générale mais progressive qui s'applique à tous les êtres, détermine leurs variations et changements,

(1) Voir, à cet égard, l'ouvrage de Comte intitulé *Le système de politique positive*, ou *Traité de Sociologie*, instituant la Religion de l'Humanité, 1851-1854, 4 volumes in-8.

qui met les passions mêmes au service de la raison, qui ne les rend fécondes que lorsqu'elles sont raisonnables; enfin que l'humanité n'avait pas progressé par révolutions, mais par évolution.

Cette grande vue le conduisait à chercher les lois de ces périodes de mouvement et de ces périodes de repos, et à établir ce qu'il appelait la statique et la dynamique de l'histoire ou de la vie sociale. Sainte-Beuve raille quelque part (1) cette prétention d'un homme, tout philosophe qu'il soit, à tenir la formule précise du développement humain, tant dans le passé, que dans le présent et dans l'avenir. « Le progrès de la Société, dit-il, et celui de l'entendement humain peuvent être conçus suivant une certaine ligne qu'on peut admettre dans sa généralité sans aller pourtant jusqu'à la serrer de trop près dans le détail. Il y a, en effet, de la part des réalités de chaque jour, lieu à trop d'exceptions, à trop de démentis. Ces doctrines-là, quelles que soient les formes qu'elles revêtent, ne sont, après tout, que des manières de concevoir le possible et le probable dans le lointain; ce ne sont que des à peu près. » Mais telle n'est pas l'idée d'Auguste Comte. Il veut un système rigoureux, qui ne laisse aucune place au probable, au contingent, à la simple possibilité. Il veut, donner la formule exacte de ces rythmes, de ces ondulations humanitaires, et concevoir la juste mesure d'inertie et d'activité, d'ordre et de libertés qui sont nécessaires à la société pour se conserver et pour se mouvoir.

(1) *Nouveaux Lundis*, tome V, article sur Littré.

C'est ce qu'il entreprend par sa fameuse démonstration de la statique et de la dynamique sociales. Car il n'a pas été sans voir qu'il y a, dans la masse humaine, deux forces principales, une force d'inertie, et une force de mouvement. La force d'inertie, c'est l'ordre, et la force de mouvement, c'est la liberté. L'une conspire contre l'autre, et pourtant elles ne peuvent être efficaces sans coopérer, sans se coordonner. D'où lutte constante, opiniâtre, des éléments caducs contre les éléments vivaces, de l'apathie contre le travail, des instincts contre l'intelligence, de la nature contre l'artifice, de la coutume contre la réforme, de la lutte contre l'esprit, de la casuistique contre la Morale, de la routine contre l'industrie ; et le progrès sort un beau jour de cette lutte, grâce à l'élimination des éléments morts ; à la prédominance de la vie sur le néant, à certaines conditions harmoniques et rythmiques, qui font que le passé se relie au présent, que l'esprit de liberté et de rénovation se concilie avec un sage esprit de conservation. Ainsi va le monde, de crises en crises, de l'agitation au repos, et du repos à de nouvelles luttes. L'harmonie un moment obtenue n'est qu'une harmonie passagère, qui recéle en elle des germes de décomposition. Ce qui était coordonné se dissout ; la partie vivace mêlée aux éléments caducs s'en dégage peu à peu comme le métal en fusion se purifie de ses scories. Mais il faut que l'élément vital et durable perce le rempart de préjugés, de coutumes, d'abus, de dissonances, implantés dans l'ordre des choses régnant par l'inertie humaine, afin qu'une autre harmonie passagère puisse s'élever sur les ruines de l'harmonie détruite.

Au dire des sceptiques et des pessimistes, ces luttes sont stériles, l'humanité piétine sur place, la liberté n'a jamais produit que la dissolution ; et, à bien le prendre, il faudrait bénir la coutume et la routine qui nous tiennent ancrés à l'état présent. Le mieux, dit-on, est l'ennemi du bien. Nous ne changeons que d'erreurs et de préjugés ; et l'illusion du progrès est la plus décevante de toutes, puisqu'elle joint à tous nos maux celui d'une perpétuelle instabilité.

Il ne faut, pour combattre ces funestes théories, que de la bonne foi, et une saine vue de l'histoire. Le désordre n'est que dans l'esprit des sceptiques et des pessimistes. L'ordre des sociétés humaines n'est qu'un ordre instable, si l'on veut, mais d'une instabilité méthodique, qui exclut toute idée de hasard, et qui fait, de la fatalité même à laquelle la marche sociale paraît soumise, une chose intelligente. L'intelligence est le grand moteur du monde moral. Car, lorsqu'on dit que c'est la force qui mène le monde, on confond un principe dirigeant avec un moyen d'exécution. Il est vrai que la force a une grande part dans les affaires humaines, mais c'est parce que la part d'inertie aussi est très grande. Les choses condamnées par la logique de l'histoire se survivent, pour ainsi dire, et se cantonnent dans le sillon passager qu'elles ont creusé : elles se voient mourir avec peine comme tout dans la nature. Les générations qui s'y étaient inféodées, s'y cramponnent comme à une ancre de salut. Alors la force apparaît, force salutaire, force organique, qui coopère aux fins de la nature, qui en assure l'exécution. La violence n'a jamais servi pour les œuvres prématurées. Quand elle s'agite à contre-temps, elle trouve devant elle cette force d'inertie qui la paralyse, qui l'anéantit : elle n'a d'effet que sur les choses mourantes, et tout le monde est surpris alors de la rapidité et de l'efficacité de ses coups.

Il s'ensuit qu'il n'y a pas, à proprement parler, d'accidents dans la marche de l'humanité, car ces prétendus accidents ne nous paraissent accidents que parce que nous avons la vue courte et bornée. Nous voyons l'exécution d'une condamnation, pour ainsi dire naturelle, mais nous ne voyons pas la préparation de cette fin, de ce cataclysme qui nous semblent fortuits et qui ne sont que logiques. Une guerre qui défait en un instant le rouage compliqué d'un Etat ; une révolution qui tranche brutalement le nœud gordien d'une situation que les siècles avaient faite ; un coup d'audace qui anéantit en un moment l'échafaudage de longs et minutieux calculs : voilà le phénomène qui nous plonge dans la stupeur ! Mais nous ne voyons pas le ver rongeur qui avait dissous peu à peu les mailles de cette trame, en ne laissant qu'une enveloppe trompeuse et fragile ; et nous augurons témérairement que les choses ne meurent que parce qu'elles sont tuées par accident.

Mais quel sera le terme de cette longue et lente évolution, de ces transformations incessantes, de ce majestueux travail qui s'opère dans le sein de l'humanité ? Y a-t-il progrès ? ou bien l'humanité s'agite-t-elle dans des formes transitoires, qui se succèdent sans raison, sans logique ? Sommes-nous condamnés à l'éternel changement, ou bien marchons-nous à un perfectionnement invincible ? Toutes les vraisemblances sont pour cette dernière hypothèse. Car il y a deux vies dans l'humanité, une vie naturelle, et une vie antinaturelle en quelque sorte, c'est-à-dire que la nature a moins imprimé en elle le cachet de nécessité qu'elle a mis dans toutes ses autres créations. Mais, l'ayant bien moins pourvu des ressources qu'elle a données aux autres êtres pour se nourrir, se défendre et se conduire, elle lui a donné, en compensation, une ressource immense qui lui permet de dépasser tous les privilèges des autres espèces, et de se priver de l'aide de la nature, bien plus de l'asservir elle-même à ses besoins. Cette ressource, c'est l'intelligence. L'humanité est une force consciente ; son progrès consiste à se sentir de plus en plus une force, à acquérir de plus en plus de conscience, et l'on ne voit pas le terme de ce développement. Ainsi l'humanité n'évolue pas dans le cercle restreint de la conservation des espèces, où sont confinés le monde végétal et le monde animal. Elle se meut dans un cercle infini dont l'on ne voit ni le centre ni les bornes, mais dont le terme indéfini paraît être l'acquisition de plus en plus d'intelligence. Plus nous allons, plus nous nous idéalisons. La première lutte de l'homme a été contre la matière. Tout au début, il a songé à échapper à son étreinte et à la dominer. Il y est arrivé d'abord maladroitement en idéalisant la matière, et en croyant naïvement qu'il ne lui obéirait plus s'il obéissait à de la matière idéalisée. Ç'a été le premier et l'un des plus dangereux écueils contre lesquels l'esprit humain soit venu se buter. En empreignant la matière d'esprit, il a anobli la matière, mais emprisonné l'esprit pour fort longtemps. Il a fait des dieux de tous les éléments, mais ces éléments lui sont devenus par là-même des principes sacrés, inabordables ; et, en peuplant le monde de dieux, il a fait de la nature entière une région de mystère et de terreur. Plus tard, cette terreur s'étant un peu évanouie, et l'ascendant des dieux étant venu à disparaître, l'homme est tombé dans un autre penchant, source d'erreurs et de dangereux mirages. Il a immatérialisé les choses matérielles : il a fait des corps et des êtres d'une foule de choses idéales ; il a fait des *entités*, c'est-à-dire quelque chose de rien ; il a groupé artificiellement des éléments qui se fuyaient naturellement. Puis, l'intelligence se raffinant, il s'est cru apte à deviner le monde, ou même à le créer à nouveau par son cerveau. De là les chimères de l'âge métaphysique. Enfin Bacon vint, et l'observation prit la place de la divination ou de l'intuition. Il ne fut plus permis de quitter la terre ni de s'égarer dans les espaces : la métaphysique dut passer au crible de la science exacte. Si bien que nos sauts dans l'inconnu sont aussi timides qu'ils étaient jadis présomptueux. Notre connaissance ne peut plus être que dérivée et non prime-sautière ; et, si nous devons un jour conquérir la science parfaite, nous ne la conquerrons que pas à pas.

Telle est la grande évolution qui a consacré l'ère que Comte appelle l'*âge positif*. Et comment ne pas s'émerveiller de tous les prodiges que ce changement d'esprit a déjà produits dans l'humanité ? Peut-on compter les forces que l'homme mieux instruit a disciplinées ? Combien d'éléments a-t-il fait capituler ?

Combien de fléaux n'a-t-il pas conjurés ? Combien de désordres naturels n'a-t-il pas redressés ? — Mais il est, dit-on, des désordres dont il n'a pas eu raison. — Sans doute, et il n'est pas prouvé que l'homme, plus instruit, soit devenu meilleur. La moralisation ne paraît pas avoir suivi ce développement d'intelligence. Mais il y a beaucoup de présomption pour que, nous connaissant mieux, nous ayons la prétention de dompter un jour cette nature rebelle et indocile, comme nous avons dompté d'autres puissances mauvaises. Pourquoi ne vaincrions-nous pas aussi bien cette nature intérieure que nous avons vaincu la nature extérieure ? Ne pouvons-nous faire le bien que par automatisme, pour ainsi dire, et une conscience éclairée serait-elle plus faible et plus impuissante qu'une conscience aveugle ? Si la Morale est devenue un champ d'expérience et de culture, ne pouvons-nous pas espérer de ces améliorations qu'une culture patiente et méthodique obtient de certains éléments ingrats et réfractaires ? Pour quelques mauvais fruits que cette culture donnera tout d'abord, ne pouvons-nous pas espérer qu'elle n'en donnera définitivement que de bons ? La part d'intelligence que nous mettrons dans nos passions n'aura-t-elle pour effet de les épurer et de les rendre mieux ordonnées ? Car l'intelligence aboutit au sentiment de l'ordre ; et, dès que l'immoralité sera bien connue pour être un principe de désordre, dès que le mal apparaîtra comme un crime de lèse-humanité, les hommes ne pourront plus, même temporairement, être des bêtes, et la mauvaise conduite de la vie sera considérée comme l'une de ces déchéances qui sont le lot des âges de ténèbres et de dégradation.

Telle est la part d'optimisme transcendant qui caractérise la sociologie d'Auguste Comte. La sociologie, c'est la connaissance de la vie du monde intelligent. Quand l'on aborde cette science, l'on sort du mécanisme des existences inférieures et de l'organisme des êtres animaux pour étudier l'organisme supérieur des masses humaines. La Sociologie occupe donc, dans l'ordre des sciences, le point le plus élevé, car l'organisme l'emporte sur le mécanisme, et l'organisme a son degré suprême dans l'Humanité, qui est un organisme intelligent. Mais, en outre de l'intelligence, on voit, dans l'Humanité, un jeu de forces, tantôt inconscientes, tantôt délibérées, et ces forces ne sont pas seulement celles de la Nature, emprisonnées dans des êtres. L'homme se pose en puissance vis-à-vis de la nature ; il n'a de cesse que s'il la corrige ou la redresse. En ce sens, il a son rayon d'action propre : il y a le monde de l'homme et le monde de la Nature. De même que l'homme est une force, les Sociétés humaines sont des forces ; et la société aboutit au plus absolu *dynamisme*.

Aussi la Science sociale idéalise-t-elle, le plus haut degré de l'activité. Cette activité ne fait, en effet, que changer de nature et d'intensité dans l'échelle des êtres. L'activité vitale ou biologique se sépare nettement de l'activité chimique et celle-ci de l'activité physique. De même, l'activité sociale implique un progrès à part. De l'agrégation et de la désagrégation moléculaire ou physique, nous passons à la combinaison chimique qui comprend la composition et la décomposition, puis à l'organisation biologique qui comprend la vie et la mort ; enfin à l'évolution sociologique qui comprend le progrès et la décadence. On voit que, dans cette échelle, les formes d'activité s'idéalisent de plus en plus ; et, s'il y a décomposition dans les sociétés humaines, comme dans les corps physiques, cette décomposition n'est pas sans une grande part d'intelligence, c'est-à-dire qu'elle suit les lois de la raison, et ne subit pas seulement les fatalités de la nature. La décadence des sociétés peut être arrêtée par une longue provision ou par un retour de raison, et les institutions humaines sont plus longues à mourir que les choses de la nature, car l'intelligence active, les pousse toujours à se survivre ; et, comme elles vivent souvent sans n'avoir plus aucune raison de vivre, cela prouve précisément que le dynamisme humain prévaut contre toutes les causes de destruction de l'homme.

Ce sont donc les manifestations de ce dynamisme combinées avec les forces de la nature qui constituent le domaine de la sociologie. Elle est, au dire de Comte, le couronnement de toute science humaine. Mais elle n'est pas sans payer ce privilège par de grandes difficultés, car les faits sociaux, le jeu des forces sociales sont d'une complexité qui engage sans cesse le philosophe à la plus grande prudence. On y côtoie sans cesse ce travers qui consiste à croire qu'on a trouvé la formule de tout. Auguste Comte en était donc arrivé à se persuader que le mécanisme explique une partie de la nature, et que le sociologisme ou l'*organisme* explique toute la nature. Nous retombons toujours dans les mêmes illusions Aristote, il y a déjà plus de 2,000 ans, préconisait déjà son système du

Cosmos organique, ou sa Théorie du Monde organisé, dont l'homme devenait l'arbitre par sa supériorité d'intelligence. L'anthropomorphisme ou l'anthropolâtrie sont aussi vieux que le monde, et le positivisme n'est qu'une anthropolâtrie scientifique.

Mais Comte voit encore autre chose dans la sociologie que la reine des sciences. Il voit en elle l'avènement d'un esprit nouveau, l'esprit sociologique, qu'il oppose à l'esprit mathématique. On ne croirait pas que l'esprit mathématique ait prédominé au Moyen-âge et au moment de la Renaissance, si Comte ne nous l'affirmait : « La lutte de ces deux principes, nous dit-il, a créé un déplorable antagonisme jusqu'à présent insoluble, incessamment développé depuis trois siècles entre le génie scientifique et le génie philosophique. Pendant que la science poursuivait, sous l'impulsion mathématique, une vaine systématisation, la philosophie réclamait vainement contre l'oubli du point de vue humain. Mais les progrès récents du savoir, l'extension du caractère positif à tous les phénomènes, autorisent les conceptions sociologiques à reprendre l'ascendant qu'elles avaient perdu depuis la Renaissance. » — « Entre le mode mathématique, dit-il ailleurs, (matérialisme,) et l'ancien mode théologique et métaphysique (spiritualisme), j'ai réalisé, par la création de la Sociologie, un nouveau mode philosophique, satisfaisant à la fois et complétement aux conditions que chacun des deux modes précédents avait en vue sans les remplir suffisamment. »

Pour mieux préciser, car Comte n'est pas toujours facilement intelligible, citons encore un autre passage:

« La préférence spontanée, nous dit-il, acquise par l'étude de l'homme, seule applicable à l'explication primitive du monde extérieur, a déterminé le caractère nécessairement théologique de la philosophie initiale. Les notions positives qui ont ultérieurement suscité l'altération toujours croissante de ce système primordial devaient exclusivement émaner des plus simples études inorganiques (première ébauche du matérialisme). Plus tard encore, la science inorganique s'est élevée contre l'ancienne unité théologique, dès lors intellectuellement dissoute, quoique son aptitude sociale dût prolonger longtemps encore son ascendant politique. C'est enfin ainsi qu'a surgi, entre la philosophie naturelle et la philosophie morale, le conflit qui, depuis Aristote et Platon, a dominé l'ensemble de l'évolution humaine, et dont l'élite de l'humanité subit maintenant la dernière influence » (1).

D'un autre côté, il affirme que « l'extension de l'esprit positif aux spéculations morales et sociales vient spontanément dénouer une difficulté jusqu'alors inextricable. Elle concilie, en ce qu'elles renferment de légitime, les prétentions opposées soulevées de part et d'autre pendant les luttes philosophiques de la grande transition moderne. La positivité, que l'impulsion mathématique avait justement en vue d'introduire quoique par une marche vicieuse, dans toutes les spéculations réelles, y est irrévocablement rétablie. — La généralité, dont la résistance théologico-métaphysique stipulait avec raison, mais sans force, les indispensa-

(1) *Cours de Philosophie positive*, tome II, leçon LVIII, pages 677-678.

bles garanties, y devient nécessairement plus complète qu'elle n'a jamais pu l'être auparavant. — Entre la souveraineté spontanée de la force, et la prétendue suprématie de l'intelligence, la philosophie positive tend à réaliser directement l'universelle prépondérance de la Morale, que l'admirable tentative du catholicisme avait, au Moyen-âge, si noblement proclamée, mais sans avoir pu la constituer, parce que la Morale était alors subordonnée à une philosophie implicitement caduque. — Les propriétés morales inhérentes à la grande conception de Dieu ne sauraient être, sans doute, convenablement remplacées par celles que comporte la vague entité de la Nature; mais elles sont, au contraire, nécessairement inférieures en intensité et en stabilité, à celles qui caractérisent l'inaltérable notion de l'Humanité, présidant enfin, après un double effort préparatoire, à la satisfaction combinée de tous nos besoins essentiels, soit intellectuels, soit sociaux, dans la pleine maturité de notre organisme collectif » (1).

On voit, au travers de ces laborieuses déductions, tous les tâtonnements de la pensée d'Auguste Comte. D'abord il veut appliquer l'esprit mathématique à la recherche de toutes les vérités. Puis, voyant que cet esprit, au point de vue social, aboutit au négativisme, qu'il établit le règne fallacieux de l'*à priori* dans la science humaine, il cherche à rajeunir l'ancien esprit métaphysique et religieux, en essayant de rétablir, par une nouvelle conception de la Morale, l'antique unité détruite. Puis, hanté par ces idées de suite, de filiation,

---

(1) *Ibidem*, pages 685, 686 et suivantes.

de tradition, de pérennité, il cherche à concilier, dans une majestueuse synthèse, les différentes conceptions que les hommes de tous les âges se sont faites des grands problèmes ; et, voyant enfin que tous les hommes ont constitué, à travers les âges, comme une seule et même personne progressant sans cesse, et ne pouvant rien répudier de son passé, il aboutit à sa suprême création, celle de l'Humanité, représentant, dans le monde, l'organisation arrivée à sa suprême puissance. Et, voyant que l'Humanité résume toute l'activité, tout l'effort, en un mot tout le dynamisme possible, il en conclut que la science de l'Humanité, c'est-à-dire la Sociologie, résume et couronne toute la science humaine, et qu'elle est la grande conciliatrice entre toutes les tendances qui se sont partagé l'esprit des hommes.

Il s'agirait seulement de savoir si « les deux points de vue suivant lesquels on regarde le Monde, la mécanique ou l'organique, ou le mécanique et le dynamique, ne possèdent pas une valeur purement conventionnelle. N'expriment-ils pas, peut-être, une simple différence de degré dans l'enchevêtrement des causes qui produisent, tantôt les phénomènes physico-chimiques, et tantôt les phénomènes vitaux et sociaux ? La causalité organique ou dynamique n'est-elle pas infiniment plus complexe, et partant moins connue, que la causalité mécanique ? Peut-on donc y voir le type primordial de la causalité ? Peut-on ramener l'organisme au mécanisme, et *vice versa*? Ne peut-on pas supposer que la causalité générale ou universelle ne saurait être ni mécanique, ni dynamique, ni organique ? Et, cela étant, ne peut-on pas augurer que, en expérimentant sur un monde que nous ne connaissons pas, nous sommes peut-être des alchimistes en sociologie ? » (1)

Néanmoins le courant sociologique, établi par Auguste Comte, a créé, dans le monde savant, une telle ondulation, qu'il est peu d'esprits de nos jours, qui, par curiosité de sonder les rouages de l'humanité, ne soient devenus un peu sociologues. Et l'on peut même dire que la science sociale est devenue une sorte de passion, et que jamais l'on a tant raisonné ni déraisonné sur les fondements de l'édifice social.

Le philosophe qui a le plus fait pour créer cette passion de la sociologie, c'est Herbert Spencer. Et c'est son système que nous allons maintenant étudier.

Herbert Spencer a surtout été frappé de la ressemblance de la grande société humaine avec tous les autres organismes vivants. Voyant que des changements s'opèrent continuellement dans la vie des sociétés, il a voulu ramener la vie sociale à la grande loi biologique.

Il a donc rattaché les mouvements sociaux à la grande loi de l'Evolution, et il a fait de la sociologie l'une des manifestations principales du grand phénomène de la vie sur notre globe.

Une société, dit-il, est une entité. Elle existe par elle-même, et elle forme un tout. Les unités qui la

---

(1) *Auguste Comte et Herber Spencer*, par E. de Roberty, Paris, F. Alcan, liv. II, pages 133-181, et 200.

forment se fondent dans son ensemble. L'association, soit qu'elle vienne de l'affinité naturelle ou d'un contrat, est soumise à des lois que ni la volonté des hommes, ni les éléments ne peuvent enfreindre. Il en résulte que les relations permanentes entre les parties d'une société sont analogues aux relations qui existent entre les parties d'un corps vivant, avec cette différence que l'évolution sociale n'est pas purement organique, car elle ne résume pas seulement les mouvements d'un corps, mais d'une infinité de corps combinés. Cette évolution est donc plus complexe, et d'un degré plus élevé que celle des existences simples : elle est, comme dit Spencer, *superorganique*.

D'où certaines différences dans la conception de l'évolution. L'évolution inorganique implique l'agrégation et la désagrégation ; l'évolution organique implique la vie et la mort ; l'évolution superorganique implique le progrès et la décadence.

Le progrès, nous dit H. Spencer, est un changement, sous quelque forme qu'il se manifeste. C'est une loi pour les sociétés que de varier ; mais ces variations se font suivant une règle inflexible qui n'a jamais épargné aucune agrégation humaine, depuis qu'il y a des hommes sur la terre.

Les sociétés sont donc des agrégats : elles croissent par agrégation ; elles se développent par la différenciation, et elles meurent par la dissolution.

Il y a toutefois une différence essentielle entre l'agrégat social et l'agrégat individuel. Les parties d'un animal forment un tout concret, tandis que celles d'une société forment un tout *discret*. Les unités vivantes composant l'un sont assujetties et dépendantes, tandis que les unités vivantes composant l'autre sont libres et plus ou moins dispersées.

On pourrait en conclure que la dépendance, la cohésion des parties qui constitue l'organisation de la vie n'existent pas dans les pléiades sociales. Mais ce n'est qu'une illusion. La correspondance s'établit par le langage de l'émotion et de l'intelligence, qui fait que les sociétés ont vraiment une âme, et que les âmes des différentes sociétés peuvent se concerter, coopérer, s'harmoniser en vue de la grande unité.

Cela posé, examinons la règle invariable des grandes variations sociales.

Le spectacle du monde, dans son ensemble, nous présente un important et saisissant phénomène, c'est celui de la complexité croissante des choses. Il semble que, depuis l'origine, depuis le temps nébuleux des formations sidérales, depuis les premières manifestations de la vie sur le globe, le monde ait toujours marché de la simplicité à la complication, de l'unité à la pluralité. Si la loi des nébuleuses est jamais bien confirmée, s'il est établi un jour que la matière diffuse dans l'éther s'est peu à peu différenciée en corps compacts, il sera démontré alors que l'univers a débuté, comme un organisme, par un état homogène; que, dans sa totalité et dans chacune de ses parties, il a marché et marche encore dans un état de plus en plus hétérogêne. Qu'en conclure, sinon qu'une cause produit plus d'un effet? Autrement dit, les causes secondes vont toujours se multipliant, et multipliant par conséquent, les effets jusqu'à produire la plus inextricable variation. Il y a donc quelque chose de naturellement instable dans le monde, c'est ce qui est homogène. On comprendra aisément qu'une force qui, depuis le commencement du monde jusqu'à notre temps, se dépense sans repos et se décompose en plusieurs forces, produit toujours un degré de plus en plus grand de complication. L'hétérogénéité qui en est résultée s'accroît et s'accroîtra toujours. Cette évolution est ce qu'on appelle le *Progrès*. Le progrès n'est donc pas un accident, ni une somme de bien accumulée. C'est le résultat d'une loi naturelle, et le produit du développement de certaines forces.

Le progrès étant ainsi la consécration de la loi du changement universel et de la complication générale, il semble néanmoins qu'il faille considérer, comme une conquête de la vie de l'humanité, l'acquisition, pour les hommes, d'un degré de plus en plus grand de liberté. Les forces, en se dissolvant, en se particularisant, multiplient, par là-même, les foyers de dynamisme, et, pour une force absorbante que l'on avait eue au début, l'on finit par avoir mille forces indépendantes. En envisageant le point de départ des gouvernements humains, on ne peut s'empêcher de voir qu'ils ont tous pris naissance dans un sentiment de terreur; et la force engendrée par ceux qui ont su exploiter ou dominer ce sentiment d'effroi a eu raison, pendant de longs siècles, de toutes les forces assoupies dans la crainte et dans le tremblement. Aussi peut-on établir, comme une règle sociale, que la crainte des vivants est le point de départ du gouvernement politique, et la crainte des morts le point de départ des gouvernements religieux.

Primos in orbe eos fecit timor.

Ainsi tout l'échafaudage politique et théocratique qui a pesé et pèse encore sur le monde repose sur l'emprisonnement de nombreuses forces qui ne demandent qu'à s'affranchir. De là les dogmes, l'autorité sous toutes ses formes, l'esclavage, le servage, la tyrannie paternelle et domestique, la toute-puissance masculine, l'inquisition, le fanatisme, le despotisme enfin dans ses nombreuses ramifications. Le despotisme initial a suivi la loi de l'Evolution en se diversifiant, en se compliquant, en entourant la liberté même de ses mailles perfides, si bien que, lorsqu'on croit qu'on l'a vaincu, il se trouve qu'on n'a vaincu qu'une ombre, et que le fatal Protée se retrouve toujours dans l'infinie variété de ses décevantes tyrannies.

Aussi ne faut-il pas s'étonner que le despotisme se survive toujours à lui-même. Il a le don de pérennité, et, comme l'on dit aujourd'hui, d'*atavisme*, qui lui permet toutes les résurrections possibles, si toutefois l'on peut dire qu'il soit jamais mort. Néanmoins il s'affaiblit en ce sens qu'il est de moins en moins compris, et qu'il apparaît à nos modernes générations comme un legs informe du passé. Sa survivance, pour ainsi dire illogique, ne prouve rien contre sa caducité. Les nouvelles formes du despotisme ont donc beaucoup plus d'obstacles à vaincre, que n'en avaient les anciennes, puisqu'il paraît conforme à son essence même qu'il ne puisse jamais se régénérer, et qu'il n'a de ressources que dans la sophistication ou la subtilisation, choses artificielles, qui n'ont jamais sauvé aucun principe.

Il semble pourtant qu'aujourd'hui il recherche un remède contre sa caducité dans son exagération même, et que la loi du nombre ou les coalitions soient destinées à remplacer le despotisme personnel d'autrefois. Le despotisme moderne cherche peut-être moins à éliminer, à écraser, ou à assoupir ses forces, qu'à en grouper, pour s'en servir en vue de l'accomplissement de ses fins. Tel est l'objet de ce militarisme qui fait en ce moment l'effroi de l'Europe : tel aussi celui du collectivisme qui rêve d'anéantir les activités particulières au profit d'une unité monstrueuse et dévorante. Tel est aussi le but du courant démocratique qui fait du nivellement général le prélude de la servitude générale. Mais tout cela, aux yeux d'Herbert Spencer, n'est qu'un phénomène d'atavisme, une survivance illogique. On ne ressuscite pas le passé. L'avenir n'est pas au despotisme ; ou, du moins, le régime de la force sera transformé, s'il n'est pas complètement aboli. Et il ne faudrait pas qu'il le fût tout à fait, car le groupement des forces est nécessaire pour le travail social ; il faut que des forces moindres capitulent devant des forces mieux armées ou mieux ordonnées : il faut la coopération, mais la coopération volontaire, et non la coopération forcée. Et, pour quiconque est clairvoyant, l'établissement de cette coopération volontaire s'impose avec une force de plus en plus marquée sous la forme de l'*Industrialisme*, où règne, dans toute sa vigueur, le régime du *Contrat*. Partout où l'on a voulu établir la coalition à la place de la coopération, comme par exemple, dans les grèves ouvrières, dans les syndicats ouvriers ou patronaux, la tentative a échoué, parce qu'on a voulu mettre la force là où elle n'entre plus, et il a fallu en revenir à la coopération, qu'il s'agit de rendre de plus en plus effective et efficace.

Tel est donc, selon Herbert Spencer, le grand phénomène qui domine aujourd'hui la vie sociale. Mais il s'agit de savoir si cette nouvelle forme dynamique, à laquelle paraît appartenir l'avenir, rendra les hommes plus heureux, augmentera le part de justice et de félicité que nous sommes toujours disposés à demander aux institutions plutôt qu'à nous-mêmes. Car c'est là la pierre de touche de toute l'évolution sociale. Les forces souveraines, indépendantes, nées de la ségrégation des forces primitives, pourront-elles vivre, durer, se fortifier, contribuer au travail de l'évolution générale ? Ou bien le faible doit-il céder au fort, le pauvre au riche, l'individualité à la collectivité, le malheureux à l'heureux ? On aura beau, en effet, consacrer toutes les indépendances possibles, si la dépendance du besoin et de la faiblesse subsiste ; on se trouvera toujours en présence d'une nouvelle forme de despotisme ; et rien n'est peut-être plus fallacieux que l'indépendance du misérable, puisqu'il n'a aucun moyen de la faire valoir, et que sa dépendance s'accroît du surcroît d'indépendance que s'arrogent les vrais indépendants.

Voilà donc de quoi infirmer les belles promesses et les belles théories de la sociologie. Aussi les études sur les formes sociales tournent-elles aisément en diatribes contre les formes sociales, et la pente n'est pas longue de la sociologie au socialisme. C'est-à-dire qu'on ne veut pas subir cette évolution fatale qu'Herbert Spencer vient de nous dépeindre, mais la faire à sa manière, corriger la société par une coalition de forces artificielles. C'est ainsi que le socialisme est un retour aux anciennes formes de despotisme. Mais son apparence humanitaire avait tout d'abord séduit le philosophe anglais par la connexité des problèmes qu'il soulève avec les études sociologiques dans lesquelles il se complaisait. Vers 1850, lorsque le socialisme était encore à l'état d'ébauche, il avait donné quelques gages aux utopies socialistes en admettant, par exemple, ce qu'il appelait la naturalisation du sol, c'est-à-dire le retour au communisme ; et aujourd'hui même, il n'a pas, pour la propriété, ce respect craintif qu'ont ceux qui la considèrent comme le *palladium*, la pierre de touche de l'état social. Il admet qu'elle peut être conçue *limitativement*, c'est-à-dire que l'homme peut la créer, mais qu'il n'est pas absolument nécessaire qu'il la reçoive, ni qu'il la transmette.

Aussi regarde-t-il la propriété, telle qu'on la conçoit aujourd'hui, comme un état transitoire que l'avénement de l'industrialisme fera cesser tôt ou tard. En principe, l'homme, dit-il, n'a droit qu'à la propriété des choses qu'il a obtenues par son travail. Mais c'est par un détour que cette propriété a été affectée au sol vierge, où le travail de l'homme n'est pour rien. Etant achetée, mesurée et payée avec de l'argent, la terre se trouve assimilée à cet égard à la propriété personnelle, produit du travail, et se confond avec elle dans l'opinion commune. C'est une propriété qui engendre, par un cercle vicieux, une autre propriété. Mais il n'y a de vraie propriété que la propriété personnelle. « L'individuation complète de la propriété, nous dit-il, est un élément concomitant du progrès industriel. L'accumulation des biens mobiliers possédés par des particuliers augmente à mesure que l'industrialisme croissant réprime le militarisme, parce que le premier implique une plus grande facilité à disposer des produits industriels, puisqu'il est accompagné de mesures de quantité et de valeur qui facilitent l'échange et mobilisent, en quelque sorte, la propriété. Pour cette raison, il y a de sérieux motifs de croire que la propriété privée des choses produites par le travail sera finalement distinguée comme ne pouvant être possédée individuellement. De même que l'individu, primitivement en possession de lui-même, perd en totalité ou en partie la propriété de sa personne pendant le régime militaire, mais la reprend graduellement à mesure que le régime industriel se développe, de même il se peut que la propriété commune de la terre, en partie ou en totalité éteinte dans la propriété d'hommes dominants pendant l'évolution militaire soit mise en pratique quand le type industriel aura complété son évolution (1). » En résumé, nous ne marchons pas à l'abolition, mais à une

(1) *Résumé de la Philosophie d'Herbert Spencer*, par H. Collins. *Les Principes de la Sociologie*, page 478. — Dans son avant-dernier livre, publié il y a trois ou quatre ans, intitulé *La Justice*, il corrobore encore ces idées de propriété individuelle.

plus grande individualisation ou spécialisation de la propriété.

Et, si l'on veut encore voir plus loin dans l'avenir, il semble que l'individualisme soit le but vers lequel nous convergeons. Car la coopération volontaire, inaugurée par le régime industriel, aura forcément pour but de faire prévaloir les énergies individuelles, car on n'aura de force qu'autant qu'on aura plus de volonté. Le principe même du gouvernement représentatif, qui est le type de la forme sociale industrielle, consiste à ce que chaque citoyen n'obtienne ni plus ni moins d'avantages que n'en rapporte son activité, et exclut ainsi toute protection artificielle. Ainsi, tandis qu'autrefois, les individus existaient au profit de l'Etat, l'Etat existe aujourd'hui au profit des individus. L'hypertrophie de la notion de l'Etat, qui est le phénomène inquiétant de nos jours, vient d'un excès même d'individualisme, car c'est parce que nous sentons que nous sommes quelque chose que nous voulons que l'Etat nous protège, nous nourrisse, nous soulage et finalement nous absorbe ; et l'Etat profite ainsi de toute la vigueur et de toute la valeur qu'ont les individualités.

Mais cette recrudescence de despotisme vient encore en grande partie de la complexité croissante des services publics, d'un déni craintif de l'initiative privée, qui tremble de soulever à elle seule d'aussi puissantes machines, d'un ferment de guerre constant qui rend la défense sociale plus âpre, qui emprisonne les énergies au lieu de leur laisser un libre cours, d'un matérialisme naïf qui s'étonne que tous les hommes ne soient pas heureux, et qui trouve que la moindre tâche de l'Etat est de proclamer le bonheur public, enfin de l'esprit démagogique qui aime mieux l'égalité sous la servitude, que la liberté avec les épreuves et les responsabilités de la liberté.

Telles sont les conclusions de la sociologie d'Herbert Spencer. L'optimisme avec lequel il envisageait jadis l'évolution sociale a été quelque peu altéré par le spectacle des nouvelles tyrannies que nous promettent le socialisme d'Etat, et le socialisme sous toutes ses formes, si bien qu'il en a pris quelque défiance de la liberté, et qu'il s'aperçoit avec tristesse que, depuis que l'homme existe, il n'a fait que changer de maîtres.

CHAPITRE ONZIÈME

La politique positiviste. — Les leviers sociaux. — La guerre et la paix. — Les différentes conceptions de la Souveraineté. — L'évolution gouvernementale.

La Sociologie, au dire des positivistes, n'a pas seulement à s'occuper du développement ou de l'évolution de chaque société humaine. Elle a encore à harmoniser les différentes évolutions sociales entre elles, de manière à ce que l'une ne nuise pas à l'autre, et que le progrès général s'opère avec régularité, constance et logique.

Il lui faut donc examiner les instruments, les moteurs qui peuvent entrer dans cette dynamique sociale, déterminer de quelle manière l'action des hommes sur les autres hommes, des Sociétés sur les autres Sociétés, des États sur les autres États, peut se produire, si la violence peut être admise comme moyen d'action, et dans quelle mesure ; enfin si le but obtenu peut légitimer une action violente, quelque déréglée qu'elle ait pu être ; si la guerre est légitime, si elle ne peut pas être remplacée par un autre moyen d'exécution ou par une autre solution, et si la raison peut admettre que les hommes s'entre-tuent toujours comme ils se sont entre-tués depuis le commencement de l'humanité.

Il faut remarquer tout d'abord que le Positivisme, s'en tenant aux phénomènes et à leur suite logique, ne peut réprouver en principe aucun des moyens par lesquels cette suite peut se produire. Un des grands défauts de cette doctrine, c'est qu'elle ne peut juger des actions que par leur résultat. Si ce résultat est logique, il est difficile qu'elle n'amnistie pas les moyens. Car, aux yeux de la plupart de ses partisans, le progrès n'est qu'un changement, et non pas, comme on le croit généralement, un changement en mieux ; et ainsi la doctrine de l'Évolution légitime tout, pourvu que l'Humanité marche.

Toutefois, comme les Positivistes sont forcés de reconnaître que certaines formes sociales se survivent, que certaines situations condamnées par la force des choses se perpétuent malgré la logique, que les vieux préjugés se transmettent avec les idées nouvelles, et ne s'éliminent que par un long travail, ils se bornent à rechercher les signes de caducité des choses humaines, et à les condamner, non pas précisément au nom de la raison, mais au nom de l'évolution.

C'est ainsi qu'en principe les actions violentes sont condamnées par la notion même de l'évolution, car qui dit *évolution* dit action lente et douce ; et partout où l'on rencontre, dans la trame de l'histoire, des heurts, des chocs, des déchirements, bref la révolution ou la guerre, le principe de l'évolution lui-même, paraît être en défaut, et il faut, ou bien condamner l'action violente, ou bien la faire entrer dans le système par violence, ce qui est encore contraire au principe de l'évolution.

A ces raisons, il faut ajouter la tendance du positivisme à réaliser le gouvernement le plus rationnel possible pour l'humanité. En appliquant aux études sociales les méthodes de recherche et de coordination propres aux sciences d'observation, en repoussant les lois formulées *a priori* pour admettre celles-là seules qui résultent de l'enchaînement des phénomènes, en classant parmi les sciences abstraites, et dans le rang le plus élevé, la science sociale, ou sociologie, et montrant que la mise en pratique de cette science doit amener l'amélioration matérielle, morale et intellectuelle de l'humanité, les positivistes ont efficacement travaillé à renouveler les principes de la politique, et à changer les bases des relations internationales. Pour eux, ces principes et ces bases sont variables, suivant le degré de culture de l'humanité. Mais cette culture étant sans cesse en évolution, comment expliquer la constance des solutions violentes dans l'histoire des sociétés? Comment admettre que le progrès ne puisse se faire que par le sacrifice d'une portion de l'humanité?

On ne pourrait, aux yeux des positivistes, expliquer la perpétuité de la guerre que par ce fait, c'est que les hommes sont souvent un obstacle au progrès ou à l'évolution, et que, tout étant action et réaction dans le monde, la réaction peut être assez forte pour que l'action ne puisse se faire que par la violence. Mais la réaction, employant ainsi la violence, peut l'emporter, et alors le résultat de la guerre n'est qu'une duperie, puisque la force d'action ne fait pas l'effet qu'elle devrait faire, et qu'elle contrarie le progrès au lieu de le favoriser.

Il y aurait lieu aussi de parler de la moralité de la **guerre**, car il semble que les vainqueurs aient raison par cela seul qu'ils triomphent, et que la plus mauvaise cause peut l'emporter par le hasard des batailles. Si la guerre aide au progrès, il faut donc que ce soit par une sorte de mystère que nous ne concevons point. Aussi certains auteurs ont-ils essayé de la légitimer par cette sorte de vertu mystérieuse même qu'elle recèle. C'est ainsi que Proudhon disait que la guerre était un jugement, et il en tirait cette conclusion qu'elle est l'indice de la vraie force d'un État ; que les vainqueurs triomphaient parce qu'il était dans l'ordre qu'ils triomphassent, et que le résultat de la guerre peut seul faire une cause juste et bonne (1).

Ces théories martiales rentrent assez bien dans le système de l'évolution en ce sens que l'indifférence pour les moyens paraît être la caractéristique de la grande œuvre de la Nature. Mais elles sont contredites par le fait que la guerre se fait de plus en plus rare, que d'autres moyens d'exécution prévalent peu à peu sur elle ; que la lutte pour l'existence des nations prend d'autres caractères ; et que l'état de guerre ne paraît plus se soutenir que comme sauvegarde d'un grand et universel besoin, celui d'éviter la guerre.

(1) *La Guerre et la Paix, Recherches sur le principe et la constitution du droit des Gens*, par J.-J. Proudhon, 2 volumes, Bruxelles, 1861.

Il y a donc des raisons plausibles de croire de moins en moins à la nécessité de la guerre. Car, bien que l'appareil guerrier subsiste avec toutes ses charges, on ne croit plus comme autrefois qu'il soit le dernier mot des choses, et l'on se met, pour ainsi dire, en guerre contre la guerre, plutôt pour la bannir que pour la glorifier.

Aussi est-il dans les probabilités qu'elle disparaisse par la désuétude, comme le duel judiciaire et les restes de notre ancienne férocité. Car comment est-on arrivé à substituer, dans les litiges privés, le règne de la justice à celui de la force brutale ? Par la conscience enfin bien établie que cette force ne prouve rien. On a compris qu'elle n'est qu'un moyen et non pas une fin, qu'elle défait souvent ce qu'elle a fait, et que son règne a des retours cruels qui demandent une autre sanction que celle, toujours renouvelée, des mêmes coups problématiques et douteux.

Ne pourrait-on pas démontrer, par la même raison, que la guerre ne prouve rien, et que, si elle est un jugement, ce jugement est sujet à des appels qui lui enlèvent toute force probante et toute efficacité ? Car, sans parler des ruses de guerre, des stratagèmes, des surprises, qui font le plus souvent de la guerre un mensonge, le plus fort n'est-il pas souvent battu par le plus faible ? Et ce qu'on appelle les *hasards* de la guerre ne protestent-ils pas contre l'idée exprimée si souvent, que la guerre est un jugement ? Jamais un vaincu ne se tient pour battu, et l'on en appelle toujours de la guerre à la guerre prochaine.

La guerre est donc un jeu, soumis à toutes les surprises des jeux, mais, par là même, elle perd toute sa valeur comme jugement. Elle démontre que la ruse ou l'habilité peuvent avoir quelquefois raison de la force réelle ; mais alors elle est une tromperie qui, loin de nous renseigner sur le degré de force ou de faiblesse des États, ne fait que nous déconcerter et nous plonger dans des illusions fatales. Et, quant à la question de savoir qui est le plus fort, elle ne la résout pas davantage, puisque tout l'art de la guerre se réduit à être le plus fort occasionnellement, c'est-à-dire à battre avec des forces supérieures des armées désagrégées ou divisées, et qu'il ne s'agit pas de plier devant le plus fort, comme la raison le commanderait, mais de le défier ou de le dérouter.

La Maison d'Autriche, toujours battue au commencement de ce siècle, n'en eut pas moins raison finalement de toutes les armées dirigées contre elle, parce qu'elle n'était battue que par surprise, par stratagème, et que, le premier effarement passé, toute sa force lui revenait.

Il faut donc reconnaître que la nécessité de céder au plus fort, qui paraît être la règle de la vie des nations, n'est pas sanctionnée par la guerre : au contraire, la guerre est souvent une protestation contre la force, et c'est ce qui en fait la noblesse et la dignité. Les faibles s'unissent contre les forts, ou bien l'audace et la vaillance ont raison du nombre. Mais alors que prouve la guerre, si elle n'a pour but de faire prédominer le fort sur le faible, suivant les lois fatales qui paraissent régir le monde ?

C'est ce qu'on paraît avoir compris de nos jours. La

force, qui se mettait autrefois au service des faibles, se met aujourd'hui au service des forts. On a vu la nécessité de renforcer si bien la puissance du plus fort, que rien ne puisse prévaloir contre elle. On a cherché les garanties de la paix, non plus dans les limites mises à la prépondérance des grands États, mais dans l'exagération même de cette prépondérance, et l'on se précautionne surtout contre les retours et les hasards de la guerre qui pourraient démontrer que le plus fort n'est pas là où l'on le croit. De là, les étranges coalitions dont nous sommes les témoins. Le monde politique demeure ainsi dans une illusion que la guerre seule pourrait dissiper, mais l'on se garde bien de vouloir être détrompé, et l'on s'endort à l'abri de cet échafaudage artificiel qui ne prouve rien et qui ne garantit rien.

Voilà quelles sont aujourd'hui les conditions de la paix. Les difficultés de la guerre sont encore accentuées par les rouages du parlementarisme, qui veut qu'on discute la guerre, c'est-à-dire qu'on la rende de plus en plus malaisée, car tous les premiers mouvements, tous les accès de chauvinisme, toutes les velléités belliqueuses viennent s'amortir sur les tapis des Parlements. Quand l'on cherche sérieusement les raisons de faire la guerre, ce sont toujours les raisons de ne pas la faire qui prédominent, et cette balance seule rend la guerre de plus en plus problématique.

De ce que la vraie guerre devient de plus en plus impossible, la fausse guerre devient de plus en plus populaire. L'esprit belliqueux, qui ne trouve plus à se satisfaire par la guerre, se plaît dans des simulacres de batailles, dans des manœuvres de commande, dans des levées en pleine paix, dans des revues gigantesques. Mais, ce qu'on n'observe pas assez, c'est que cette image de la guerre remplit peu à peu le but de la guerre elle-même. On ne juge plus de la force d'une nation par des batailles gagnées, mais par une mobilisation et une concentration bien faites, par des marches et des manœuvres bien réussies. L'Europe, n'ayant plus les grands spectacles guerriers d'autrefois, épie avec une curiosité fiévreuse les petites guerres qui se font dans tous les Etats ; elle juge de la valeur des armées, et dit quelles seraient les plus dignes de gagner les batailles, si la guerre survenait. Ce verdict de l'opinion publique ne vaut-il pas le verdict de la guerre elle-même, puisque tout l'effet de la guerre est de désigner à l'opinion publique quel est le plus fort ? Et si les hasards de la guerre venaient détruire cette opinion, leur verdict ne serait-il pas entaché d'erreur, puisqu'il mettrait une force de hasard à la place d'une force réelle ?

Si donc tout est tellement bien préparé pour la guerre, que cette dernière ne puisse plus guère laisser aucune surprise ; si, à force de prévoyance et d'intuition, on a tellement maîtrisé le hasard, que sa part se réduirait à presque rien ; si tout l'effet que produirait la guerre est obtenu avant la guerre, à quoi bon guerroyer désormais ? On comprenait la guerre, quand elle était un problème, quand l'inconnu surpassait le connu, quand, au lieu de déployer sa force à tous les yeux, on cherchait à la cacher pour l'heure décisive ; mais aujourd'hui qu'on sait la force des Etats, qu'on peut calculer presque à coup sûr les gains et les pertes, et que le sort des batailles ne pourrait amener que quelques coups de force passagers, ou quelques défaillances fortuites, le jugement de la guerre perdrait toute son efficacité, et ne serait plus qu'un principe d'erreur, aussi funeste aux vainqueurs qu'aux vaincus.

Tels sont les phénomènes qui caractérisent aujourd'hui l'évolution de ce grand principe de la guerre. Dérivant de la loi primordiale de la lutte des êtres pour l'existence, elle serait un principe détestable si elle ne subissait pas elle-même les lois de l'évolution ; et c'est ce que ne veulent pas ceux qui ne la conçoivent que dans son ancienne barbarie, ou comme l'instrument du droit brutal de la force. Cette évolution ira-t-elle jusqu'à la supprimer ou à en changer si bien le caractère, qu'elle dégénère en conflits industriels ou autres ? Sera-t-elle éliminée ou transformée ? Le principe de l'arbitrage international, qui a déjà eu quelques victoires, finira-t-il par avoir assez de puissance pour forcer les volontés, pour paralyser les armements, et pour établir un droit public qui soit reçu sans contestation ?

A en juger par toutes les probabilités, la recrudescence actuelle du principe guerrier n'est qu'un phénomène d'atavisme qui vient en travers de toutes les lois générales d'évolution. On le subit par nécessité, mais il n'a plus cette vertu d'adaptation, ce prestige sur les imaginations, cette poésie parfois grandiose, qui en faisaient de la guerre la seule et inéluctable solution des démêlés humains. C'est parce qu'elle est en dehors du mouvement d'évolution générale qu'elle n'en paraît que plus terrible ; elle a quelque chose d'antique et de suranné, et les angoisses actuelles à son sujet viennent précisément de la difficulté de la faire entrer dans le cadre de nos nouveaux besoins sociaux. Les précautions qu'on prend contre elle pour empêcher son retour ont été jusqu'à créer, pour ainsi dire, un nouvel état social, et, conséquemment, une sorte de dualité, de manque d'harmonie dans les ressorts de l'humanité moderne. L'état guerrier vit à côté de l'état industriel, l'un stationnaire et même réactionnaire à côté de l'autre progressif. Et, comme certains appétits ou certaines théories voient toujours avec plaisir le principe de la force prédominer, la guerre s'est infiltrée un peu partout, dans les rapports du Capital avec le Travail, des Religions avec les Etats, des individus avec les collectivités. Les théories martiales ont tout faussé, et l'on s'est peu à peu rhabitué à demander à la force ce qu'on ne lui demandait plus depuis longtemps.

De là vient que le principe de l'obligation, qui avait cédé à celui de la coopération volontaire, reprend de plus en plus d'empire. Les mailles de l'obligation se resserrent de plus en plus autour de nous. Mais cette outrance du principe de l'obligation forcée prouve précisément qu'il est malade et caduc. Tous les ressorts sont faussés. Toutes les forces vives des Etats sont de plus en plus absorbées par le militarisme. Ce ne sont plus des armées qui sont destinées à se rencontrer, ce sont des Etats armés ; et, pour mieux se défendre, tous les Etats se ferment et se hérissent. Tout le monde prévoit avec angoisse qu'il n'y a qu'une guerre, la plus terrible et peut-être la dernière de toutes, qui puisse renverser toutes ces barrières et toutes ces murailles humaines. Et, tout en armant et en se hérissant, l'on pense tous bas que les précautions sont disproportionnées au fléau que l'on veut combattre, et qu'un peu de raison serait un meilleur remède contre ces retours de férocité, que cette férocité préventive, savante et systématique dans laquelle la sève des Etats s'épuise et se perd.

De tout cela il résulte, pour tous ceux qui conçoivent rationnellement les destinées de l'humanité, que la guerre est devenue un procédé de pénétration, inefficace et dispendieux, un instrument, non plus de progrès, mais d'arrêt intellectuel et de ruine économique, en un mot une calamité, qu'il faut s'efforcer de combattre et de supprimer, en réglant par la voie pacifique les différends internationaux.

La statique et la dynamique sociales comportent d'autres ressorts, d'autres leviers, que la sociologie positiviste n'a pas négligés. Il s'agit surtout de ces forces morales, qui ne soulèvent pas moins fortement le monde que la guerre, et qui dérivent de la conception que l'homme se fait de la puissance, de la souveraineté, en un mot de l'action humaine, réglementée par les coutumes, les lois et les constitutions. Quelle influence ces diverses conceptions ont-elles eu sur le travail social ? et les conceptions modernes accusent-elles, sur les anciennes, ce progrès scientifique que l'on constate dans les autres manifestations de la pensée humaine ?

Il y a, sur ce point, désaccord entre les différents rameaux de la doctrine positiviste. Auguste Comte, hanté par des idées d'autorité, d'hiérarchie, aurait volontiers figé le monde dans une sorte de nouveau dogme théocratique. Nous avons vu que Spencer, au contraire, veut dégager le monde des vieilles lisières, et préconise le système industriel, ou celui de l'obligation volontaire. Mais l'évolution vers ce dernier système, quoiqu'elle se marque par certains traits visibles, ne paraît pas se faire avec la suite et la logique qu'il faudrait. Nous avons changé le droit de la force, mais nous ne l'avons pas supprimé. Le vieux *droit divin* reparaît sous d'autres formes, et les collections humaines ont gagné en force et en tyrannie ce que le Dieu d'autrefois a perdu. Voilà pourquoi tout un parti, dans le camp positiviste, s'attaque au principe décevant de la souveraineté populaire qui, à ses yeux, n'est pas un progrès, mais une subtilisation de l'idée du pouvoir absolu, sans appel, sans garantie et sans frein (1).

Le principe de la souveraineté populaire, disent-ils, vient de la chimère de l'autonomie individuelle, qui vicie toutes les théories sociales modernes. Remarquez que la souveraineté générale amène l'égalité générale, et annule, par conséquent, l'influence de l'homme sur l'homme, c'est-à-dire conspire contre cette souveraineté même que l'homme s'est décernée. Elle ne pourrait être une souveraineté effective et active qu'en faisant une sélection, mais cette sélection, le principe de l'éga-

(1) *La Politique positive*. Revue occidentale, avec cette épigraphe pour devise *Ordre et Progrès*, fondée par MM. Sémerie et Robinet, en 1872.

lité la condamne. La souveraineté du peuple est donc passive, et ne peut exister que si elle est passive : elle n'existe donc réellement pas. Mais l'opinion seule qu'elle existe, quelque fallacieuse qu'elle soit, suffit à vicier tous les rapports sociaux. La souveraineté du peuple est la mort de tous progrès.

Elle nuit au progrès pour une autre cause encore, car, avec son corollaire obligé, le principe de l'égalité, elle se pose en obstacle contre toute évolution régulière. En effet, le progrès ne se fait pas, dans la sphère politique, autrement que par la prédominance d'une opinion sur une autre, autrement dit, par le triomphe d'un parti sur un autre. Or, si le parti condamné a des droits égaux à celui du parti triomphant, comment expliquer cette abdication que rien ne justifie? Comment l'obliger à admettre sa défaite? Ce n'est donc pas le peuple qui est souverain, ce sont tels ou tels; la souveraineté est adventice, fortuite, et, par conséquent, elle manque entièrement de base. Ce sont des majorités de hasard qui sont souveraines, et non le peuple dont les éléments sont successivement battus. Le droit des majorités est donc destructif de la souveraineté populaire.

Supposons maintenant qu'au lieu d'un simple conflit parlementaire, il s'agisse de l'une de ces révolutions sociales, comme l'histoire nous en offre bon nombre, où il faut tout reviser, tout transformer : sera-ce la souveraineté populaire qui se chargera de cette besogne? Erreur ! « La majorité est toujours hostile aux changements parce qu'elle en subit directement les effets immédiats, qui sont très réels, et qu'elle n'a pas une aptitude inductive et déductive suffisante pour en comprendre les avantages futurs. » Ce sera donc une minorité turbulente et audacieuse qui rompra les attaches, qui fera son procès au passé. Mais alors où est le principe de la souveraineté populaire ? Tout, dans ces grandes commotions, ne nous parle que de violence, que d'usurpation, que de tyrannie. Les générations qui vivent pendant ces crises ont si peu la disposition d'elles-mêmes, qu'elles sont, à proprement parler, des générations sacrifiées ; et les hommes, loin de nous paraître des souverains, menant les choses et les événements, nous paraissent au contraire comme les instruments passifs et presque irresponsables des plus terribles fatalités.

Ces générations auraient donc à se plaindre du fallacieux principe de la souveraineté populaire, s'il était vrai que les hommes soient les maîtres et les arbitres de leurs destinées. Mais ce qui paraît révoltant quand l'on se met au point de vue des droits de l'homme, se justifie pleinement quand l'on se met au point de vue de l'évolution positiviste. Etant donné l'intérêt permanent de la grande Unité, l'Humanité, qui se perpétue d'âge en âge, et dont la hiérarchie ne se cantonne pas dans tel ou tel groupe humain, il est naturel que les générations se sacrifient. Le bien de l'Humanité se compose de mille abdications particulières, et tout le profit de la souveraineté populaire, passée à l'état de dogme, serait de figer les populations dans certaines formes surannées, car, par cela même qu'il y a souveraineté, il y a dédain du passé et dédain de l'avenir ; et pourrait-on appeler sérieusement des souverains ceux qui ne disposent que du temps présent, et ne peuvent donner aucune direction au temps futur?

Voilà pourquoi ces positivistes condamnent la souveraineté populaire comme une pierre d'achoppement à la dynamique sociale. Comment, après cela, ne condamneraient-ils pas la conception politique qui dérive de la souveraineté populaire, c'est-à-dire la démocratie? Non que la démocratie, comme forme politique, n'ait pas sa place parmi les phénomènes sociaux. On peut ajouter qu'elle a fait faire à l'humanité un pas immense en appelant de plus en plus d'hommes à l'intelligence et à la direction des besoins sociaux. Mais ces positivistes n'aiment pas la démocratie en raison même de la portée excessive qu'on veut lui attribuer. La démocratie, aux yeux de ses fanatiques, est une révélation. Or qui ne voit que, passée ainsi à l'état de dogme, elle réaliserait la *statique* ou l'immobilité absolue de la société? C'est bien ainsi que l'entendent ses dévôts. Elle est le progrès absolu; elle ne laisse aucune porte ouverte à des progrès futurs; elle se dérobe même à l'idée de tout antécédent, et la chaîne sociale s'est rompue brusquement par la révélation d'un principe supérieur au temps, aux intérêts, et à la souveraineté populaire elle-même, puisque l'homme ne pourrait pas, s'il le voulait, changer la démocratie.

Telles sont les idées politiques des derniers disciples d'Auguste Comte. Il est fâcheux que ces idées, pleines de vues saines et judicieuses, mènent au matérialisme politique, à cet empirisme qui ne se règle que sur les besoins du moment, et à ce dédain des principes qui ne fait que trop de progrès dans l'âme des nouvelles générations.

CHAPITRE DOUZIÈME

La Religion positiviste. — Le culte de l'Humanité. — Le Droit et l'Obligation. — Condamnation de l'individualisme.

Pour montrer comment le Positivisme, fondé sur le mépris de la théologie et de la métaphysique, a finalement dégénéré en religion, il faut considérer certains aspects du caractère d'Auguste Comte qui devaient fatalement déterminer le tour singulier qu'a pris l'évolution Comtiste.

D'abord il était fortement épris d'hiérarchie et de discipline, ce qui mène aisément au pontificat. Puis, en réalité, il avait moins secoué les jougs qui pesaient sur l'esprit humain, qu'il n'avait cherché à les remplacer; il avait songé plutôt à discipliner les hommes qu'à les affranchir. Il suffit de voir ce qu'il pensait du *négativisme,* de la philosophie voltairienne, et de la critique exégétique. Il n'avait jamais cherché à établir la souveraineté du sens propre, et il avait en aversion tout ce qui est individuel. Il était, au contraire, obsédé de l'idée du lien social, de la communauté, de l'universalité humaines, et ne s'attachait qu'à trouver les dogmes, les moyens d'autorité et de coaction qui pouvaient rétablir l'unité dans notre société pulvérisée. Si donc quelqu'un devait restaurer l'idée de *Religion* dans le sens qu'elle avait autrefois, de lien universel, de grande communion humaine, c'était bien lui.

De plus, cet ancien répétiteur de mathématiques en était arrivé à battre sa nourrice. Chose singulière ! Lui, si épris d'abord de précision scientifique, il en était arrivé à considérer l'œuvre de Bacon comme un recul dans l'évolution de l'humanité. A ses yeux, l'esprit mathématique était frappé de caducité aussi bien que l'esprit théologique et l'esprit métaphysique. Nous avons déjà vu plus haut combien il déplorait l'antagonisme, insoluble selon lui, entre le génie scientifique et le génie philosophique. On croirait que son système dût chercher à les concilier. Mais non : il sacrifie le génie scientifique, sous prétexte qu'il est systématique, et qu'il néglige ce qu'il appelle le *point de vue humain*. C'est-à-dire qu'à ses yeux ce génie scientifique est trop individuel, plus épris de liberté et de curiosité que d'hiérarchie, qu'il divise les hommes au lieu de les unir, qu'il met des *hiatus* dans la trame sociale, et qu'il n'y a de vraiment profitable à l'homme que ce qui est œuvre collective, sentiment commun, aspiration universelle.

Voilà, certes, ce dont l'on ne s'était guère avisé jusque-là ; mais ce point de vue original ouvrait à la pensée humaine des horizons tout nouveaux. A partir de ce jour apparaissait, dans les préoccupations des penseurs, un élément dont la science avait souvent fait bon marché, celui de la solidarité humaine. Que de fois la science avait rompu le fil des méditations des hommes ! Que de défis lancés à la tradition, à l'autorité ! Si bien que briser avec le passé, établir de nouveaux courants de pensée, créer une nouvelle atmosphère intellectuelle, semblaient être le privilège et le charme de la science.

De là cet orgueil individualiste qui avait fait des *Sapientium templa serena* l'asile de tout ce qui osait penser. Dans cette retraite austère, on se séquestrait de l'humanité ; on prenait en pitié ses instincts, ses coutumes, ses préjugés ; on se faisait de soi-même un petit monde fermé, et l'on s'y concentrait jalousement et héroïquement. Tout esprit indépendant avait ainsi sa citadelle, dans laquelle son for-intérieur se retranchait et se hérissait. Les uns y mettaient leur philosophie, leur scepticisme ; d'autres y mettaient leur foi, leur religion ; et ce qu'on voyait d'eux dans le monde n'était qu'une mince partie de leur personne qu'ils voulaient bien laisser aux préjugés et à la routine humaine.

C'est contre ce penchant que Comte réagit vigoureusement vers la fin de sa carrière, et il semble que tout son positivisme se résumât dès lors dans cette devise : hiérarchiser l'humanité, l'empêcher de se disperser, trouver un symbole commun pour tous les hommes. Il vit qu'il suffisait d'enlever aux unités la fausse importance qu'elles s'attribuaient, pour la reporter sur la collectivité, et qu'il y avait quelque chose de vraiment un, de vraiment grand, de vraiment puissant dans le monde, c'était l'Humanité. « Les propriétés morales, nous dit-il, inhérentes à la grande conception de Dieu, ne sauraient, sans doute, être remplacées par la vague entité de la nature, mais elles sont, au contraire, nécessairement inférieures en intensité et en stabilité à celles qui caractérisent l'inaltérable notion de l'Humanité, présidant enfin à la satisfaction combinée de tous nos besoins essentiels, soit intellectuels, soit sociaux, dans la pleine maturité de notre organisme collectif. »

De là à l'adoration de l'Humanité il n'y a qu'un pas, et Comte n'hésite pas à le franchir. La logique de son esprit l'y poussait, car, dès que la théologie était bannie du positivisme, et que l'intelligence suprême passait au nombre des choses inintelligibles et inconnaissables, la seule chose admirable au monde, la seule digne de notre respect et de nos hommages, n'était-elle pas ce bel ensemble des organismes intelligents qui, depuis l'origine du monde, a formé une trame indissoluble, s'est posée en puissance vis-à-vis de la nature, lui a ravi peu à peu ses secrets, et a mis sur le monde une empreinte impérissable ?

Et cette œuvre essentiellement religieuse aux yeux d'Auguste Comte n'était-elle pas d'autant plus nécessaire, que ce qu'on appelait jusqu'à ce jour la *religion* avait été plutôt un principe de dispersion que d'union ? C'est dans la mission qui devait réunir tous les peuples que l'Humanité s'était scindée, pulvérisée, faisant de la religion une affaire de complexion, d'humeur, de climat, de race, si bien que le christianisme même, la plus haute conception morale et religieuse que le monde ait vue, n'a pu se dire *catholique*, c'est-à-dire *universel*, que par dérision, et que les deux tiers du monde connu échappent à la catholicité.

Mais cette catholicité, qui est l'ambition de toutes les religions, existe en réalité dans l'œuvre lente et collective de l'humanité. On y retrouve cette unité qui s'évanouit quand on la considère à sa seule surface, et à un moment donné de son évolution. Or qu'est-ce que cette unité ? « C'est, nous dit Comte, celle qui distingue notre existence à la fois personnelle et sociale, quand toutes ses parties, tant morales que physiques, convergent habituellement vers une destination commune » (1). Mais que de choses conspirent sans cesse contre cette unité ? La première est ce faux principe qui veut que l'homme soit quelque chose par lui-même. Or, il ne vaut que par les liens qui le rattachent à l'universalité. Mais c'est là précisément ce qui lui paraît dégradant et insupportable, et voilà pourquoi, à côté de l'idée féconde d'*obligation*, c'est-à-dire de solidarité, de sage dépendance, il a établi l'idée du *droit*, c'est-à-dire du privilège, de la sécession, et de l'individualisme.

Or, pour quiconque examine sérieusement l'idée de *Droit*, on ne peut méconnaître qu'elle est un reste des préjugés métaphysiques. C'est une entité, comme celle de *Cause*, comme celle du *Moi*, que le positivisme a eu pour but d'éliminer des habitudes de l'intelligence humaine. Nous ne pouvons pas plus savoir si l'homme est un principe, que nous ne pouvons savoir si l'univers a une cause, et quelle est cette cause. Dans cette

(1) *Catéchisme positiviste*, publié en 1852, ou sommaire Exposition de la Religion universelle en onze entretiens systématiques entre une femme et un prêtre de l'Humanité.

ignorance, pourquoi faire de l'homme un *microcosme*, un petit monde fermé et jaloux ? Le Droit implique le pouvoir, et que pouvons-nous ? Il n'y a pas un seul de nos mouvements, une seule de nos actions et de nos entreprises, dans lesquels nous ne rencontrions l'action d'autrui, où nous ne soyons forcés de biaiser, de capituler. Nous cherchons à sauvegarder nos prétentions en disant que notre doit doit respecter le droit d'autrui. Mais n'est-ce pas là précisément un retour à ce sentiment d'obligation contre lequel nous nous insurgions ? Et si nous sommes finalement contraints à nous solidariser avec les autres hommes, à composer avec eux, à admettre qu'ils sont nos égaux, que signifie ce vain simulacre par lequel nous cherchions à nous en imposer nous-mêmes sur notre importance ?

Il n'y a qu'une seule occasion où cette idée du Droit peut être humainement féconde, c'est lorsqu'on veut nous empêcher de nous solidariser avec autrui. Alors ce sentiment naturel de révolte prouve précisément que nous sommes attachés les uns aux autres, et qu'on voudrait vainement nous en dissocier. Car est-ce vraiment estimer le Droit que de ne réclamer que la liberté de faire des actes indifférents ? Et, si l'un des principaux buts de la science et de la dignité de l'homme est de bien connaître son devoir, n'est-il pas nécessaire d'écarter de cette science si difficile tous les éléments troublants qui, sous le nom de *Droit*, viennent sans cesse tirer l'homme à la Société pour le rendre à lui-même ?

Il en résulte que « nous n'avons proprement que le droit de faire notre devoir ». Cela veut dire la libre faculté de coopérer à l'œuvre de l'Humanité. Et il faut considerer, du reste, qu'on arrive avec cette idée d'*obligation*, bien ancrée dans les esprits, à faire mieux obtenir à chacun ce qui lui est dû que par tous les systèmes métaphysiques du Droit. Car il suffit que chacun sache ce qu'il doit faire pour que personne ne puisse faire de tort à personne. Vous obtenez, par l'idée de la solidarité, ce que vous n'obtiendriez que bien difficilement par l'érection de priviléges singuliers qui demandent, pour être respectés, l'emploi de la force. Et comme, après tout, ce que l'homme demande sous la forme du droit, c'est d'être respecté, protégé, et de remplir sa destinée sans entraves, ce but n'est-il pas mieux atteint par un système qui oblige chacun à respecter son voisin, que par un système qui donne à chacun le droit de se faire respecter? Car la liberté d'un côté implique la contrainte de l'autre ; je ne puis me prévaloir d'un droit sans obliger quelqu'un ; et ainsi tout se ramène, en définitive, au grand principe de l'obligation, sans lequel l'humanité se dissoudrait, et sans lequel nous n'aurions qu'une poussière de société.

Ajoutons que ce qui se fonde sur le droit individuel n'a, pour se défendre, qu'une force individuelle, c'està-dire très faible, si la collection ne prête pas sa force pour protéger ce droit. Mais ce droit, en se faisant protéger, disparaît pour ainsi dire, car on n'est plus libre d'agir que par l'octroi de la communauté à qui l'on doit sa liberté. Et conséquemment ce qu'on appelait *Droit* devient ainsi une chose banale et vulgaire, une chose d'emprunt, un semblant de privilège, qui ne mérite pas le culte enthousiaste et irraisonné qu'il a toujours provoqué parmi les hommes.

Telles sont les idées originales qui, chez Auguste Comte, ont été le fondement de la Religion de l'Humanité. Car c'est dans la *communion* humaine, dans une grande croyance commune, qu'on trouvera la sanction suprême de ces idées de solidarité et d'harmonie. Et si la Religion doit être ce qui *relie* les hommes, et, non pas, comme aujourd'hui, ce qui les divise, il faut que l'esprit religieux trouve un terrain d'accord où tous puissent s'unir. Et quel est ce terrain d'accord, sinon l'intérêt général de l'Humanité, où, mieux encore, l'amour de l'Humanité? La Religion doit donc être une vaste synthèse : elle consiste à régler et à harmoniser chaque nature individuelle, et à rallier toutes les individualités ; en un mot, elle est l'organisation absolue de l'Humanité.

Il s'ensuit qu'elle est tout à la fois philosophie, morale, poésie et politique. En effet, toutes ces sciences et tous ces arts ne sont vraiment *humains* que s'ils contribuent à l'harmonie générale ; s'ils sont, au contraire, une œuvre de dissociation, ils périssent dans la mémoire des hommes. Il n'y a donc que les œuvres humaines grandes, utiles, sociales, qui méritent de rester dans ce Panthéon de l'humanité ; et alors la Religion universelle les admet dans son culte, dans son admiration, dans sa foi. Cette foi positiviste consiste dans le sentiment d'un ordre immuable auquel sont soumis toutes les créatures et tous les phénomènes. On dira que ce sentiment mène au fatalisme ; mais ce qui sauve du fatalisme, c'est la conscience de la complexité de plus en plus grande de la machine sociale. Car l'on ne peut nier que l'évolution sociale ne se complique de plus en plus, et ne se complique de la part que les hommes y mettent. Cette part s'augmentant sans cesse, nous échappons de plus en plus à la simplicité des lois naturelles. L'acquiescement des hommes à l'œuvre de la nature et à celle de l'humanité n'est donc plus cette confusion, cette communion intime avec la nature, dans laquelle se complaisaient les stoïciens. Il nous semble de plus en plus que l'œuvre de la nature soit une œuvre de désordre, de dissipation, de dissociation, et que le sentiment de l'ordre et de l'harmonie soit une conception humaine. Ce.a étant, quoi de plus naturel que nous cherchions à mettre dans l'humanité ce que nous avons dans l'intelligence ou dans le cerveau, d'autant plus que ces notions ne paraissent être que des pressentiments d'un ordre transcendant et supra-terrestre ? Aussi bien est-ce là ce que nous faisons. Nous réparons les injustices de la nature ; nous nivelons les dénivellements sociaux ; nous appelons au bonheur des gens voués à une sorte de malédiction initiale ; nous égalisons les conditions ; nous nous soulevons contre cette loi de haine qui semble être l'apanage de tous les êtres animés ; et nous aboutissons même quelquefois à ce grand sentiment de l'amour des hommes, qui est si peu naturel, qu'il faut, pour le ressentir, que nous dépouillons presque tout ce que la nature a mis en nous.

Voilà pourquoi nous pouvons quelque chose pour le bonheur social, et cette action de l'homme est tellement grande, il a créé, dans le monde, comme un monde à part, et que l'humanité suit une évolution qui ne rentre dans les lois d'aucune autre espèce. Mais, pour que cette grande œuvre ait pu s'accomplir, il faut qu'il y ait eu continuité, et, pour ainsi dire, perpétuité, et que non seulement les générations vivantes, mais même les générations disparues rentrent dans cette belle notion d'Humanité comprenant ainsi un imposant ensemble de plusieurs milliers de siècles. « L'humanité, nous dit Auguste Comte, est l'ensemble des êtres présents, passés et futurs. Les membres de l'humanité sont liés entre eux dans le temps et dans l'espace ». Mais la part du futur étant encore hypothétique, et la part du présent étant plus ou moins éphémère, il s'ensuit que l'héritage du passé, croissant sans repos, pèse d'un poids de plus en plus lourd sur les générations vivantes, et que les vivants sont toujours, et de plus en plus nécessairement gouvernés par les morts. Et il s'ensuit aussi que la vie, la vie véritable, n'est pas celle que l'on pense. Car ceux qui vivent effectivement, dans l'acceptation commune du mot, ne vivent que temporairement ; le cours de leur existence est marqué par le temps, sans parler des troubles de toutes sortes qui sans cesse nous menacent. Au lieu que nous ne commençons à vivre, d'une vie pour ainsi dire permanente et assurée, que lorsque nous ne sommes plus. Nous vivons alors dans les autres, dans ceux que nous laissons, que nous avons aimés, charmés, séduits ou servis, dans le cœur et dans l'esprit d'autrui. Quoique morts, nous n'en faisons pas moins partie de l'Humanité, ce grand corps, qui paraît n'avoir ni commencement ni fin. C'est ainsi que toutes les générations disparues survivent, et prennent leur place dans le grand *Tout* humain ; et c'est là la véritable immortalité à laquelle l'homme puisse prétendre : il meurt comme homme, il survit dans l'Humanité.

Et cette idée de la survivance est tellement ancrée dans l'esprit des hommes, que tous les systèmes religieux s'en sont imprégnés. Toutes les religions ont tenté de franchir les barrières du présent pour absorber le passé et l'avenir. Les idées de catholicité, d'universalité, de continuité sont inhérentes à tous les cultes, tant l'on sent que l'Humanité n'est pas seulement celle qui vit, mais aussi celle qui a vécu, et celle qui doit vivre après nous ! Et, par une touchante attention, nous reportons sur ceux qui ne sont plus, ainsi que pour ceux qui ne sont pas encore, les attentions, la tendresse, la prévoyance, la sollicitude que souvent nous n'avons pas pour ceux qui nous touchent et qui nous entourent. Touchant exemple de solidarité que ce déversement, d'une génération sur les autres, de ce que nous avons de meilleur en nous ! et admirable préservatif de l'égoïsme que cette dilatation de notre *Moi* dans le grand Tout de l'Humanité !

Aussi bien est-ce là ce que les religions les plus humaines, les mieux ordonnées, les plus progressives, ont admirablement compris. Car, pour ne parler que du Christianisme, n'est-ce pas l'un de ses plus grands attraits, l'une de ses plus grandes douceurs, l'une des plus grandes preuves de la solidarité qu'il a établie entre les générations des hommes, que cette communion des vivants et des morts, que cette confusion de l'Eglise souffrante et de l'Eglise triomphante, en une même Eglise dont les membres sont unis par les liens de la charité ; que cette conception de la Résurrection qui un jour fera des morts les égaux et les émules des vivants ? Si bien que le Protestantisme, en abolissant le culte des Saints, a vraiment mutilé le Christianisme en le réduisant à l'étroitesse des générations vivantes, en faisant, de la Religion, une chose individuelle, bornée à l'intelligence et au sentiment des particuliers. Voilà pourquoi Auguste Comte admire le catholicisme. Son admiration tient aussi à des raisons d'hiérarchie, car le maintien des religions étant lié à un esprit de caste fortement organisé, Comte trouvait que la nécessité du célibat pour le clergé, en le maintenant hors des liens du monde, en le tenant asservi à des pratiques et à une discipline de fer, lui donnait la cohésion, l'indépendance, et une sorte de perpétuité ? Cette sage connaissance du caractère des hommes lui ferme les yeux sur les périls de l'esprit théologique et théocratique. C'est sur l'Eglise catholique qu'il prend ses modèles pour la fondation de son Eglise positiviste.

Telles sont les seules idées originales et fécondes de la religion d'Auguste Comte. Nous ne nous arrêterons pas à l'organisation de son culte. Les fêtes positivistes, le calendrier positiviste, le catéchisme positiviste, les sacrements positivistes, les saints positivistes, doivent être rangés au nombre des erreurs des grands esprits. La seule chose intéressante à observer, dans cette période de déraison d'Auguste Comte, c'est la singulière évolution qui a conduit à la théocratie le plus ardent adversaire de la théocratie. En donnant un tel démenti à ses doctrines primitives, il a démontré mieux que personne que le positivisme peut flatter un moment ce besoin que nous avons de voir clair dans nos idées, de mesurer le chemin que fait notre raison dans la voie de la précision et de la vérité ; mais qu'il faut qu'il se dénature et qu'il fasse un accroc à la logique pour satisfaire cet invincible besoin de mystère, et cet instinct de divination irrésistible qui ont torturé toutes les générations depuis qu'il existe des hommes sur la terre.

CHAPITRE TREIZIÈME

Conquêtes fécondes et déchets du Positivisme. — Positivistes infidèles. — Courants contraires à la thèse positiviste. — La philosophie de l'Inconscient. — Le Réalisme dans la Littérature et dans les Arts. — Le Socialisme et la Sociologie. — La démocratie et l'aristocratie positiviste. — Le mysticisme renaissant. — Le Tolstoïsme et ses dérivés. — Symptômes d'un nouvel état religieux. — L'Idéalisme positiviste. — Conclusion.

Il s'agit maintenant de faire, avec le Positivisme, ce que le Positivisme lui-même a fait avec toutes les autres conceptions de la Raison humaine. Il s'agit de savoir ce qui en restera dans l'héritage intellectuel de notre siècle, quelle direction utile et durable il a pu imprimer aux esprits, quels préjugés il a fait disparaître, et quels préjugés nouveaux il a apportés; enfin de noter les symptômes qui peuvent faire croire, ou qu'il est caduc et mourant, ou qu'il a en lui de sérieux gages de vitalité.

Ce n'est pas ravaler le Positivisme que de dire qu'il est un succédané de l'esprit cartésien, puisqu'il fait de l'évidence la règle de toutes nos connaissances. Si l'on convient que c'est l'esprit cartésien qui a amené l'esprit analytique du siècle dernier, et si l'on observe combien le Positivisme a emprunté de la doctrine condillacienne, on reconnaîtra qu'il n'a été qu'une nouvelle floraison, dans notre siècle, de cet esprit particulièrement français qui cherche à n'être dupe de rien, à faire de notre raison particulière l'arbitre des choses. Mais cette complexion d'esprit inclinait forcément le Positivisme vers l'Idéalisme et vers la Métaphysique.

En établissant le Phénoménalisme général, il suivait, en effet, les errements de l'idéalisme qui a toujours été la tendance, pour ne pas dire le travers de l'esprit français. Et il aboutissait ainsi à une tendance dangereuse, celle du rationalisme, qui consiste à organiser le monde suivant les données fantaisistes de notre raison. Nul système, plus que le Positivisme, n'est tombé dans ce travers, car l'idée d'organisation, d'hiérarchie, a été l'idée maîtresse, obsédante, d'Auguste Comte, et les disciples n'ont pas démérité du maître à cet égard.

Il y aurait lieu de se demander, à propos de cette tendance rationaliste du Positivisme, ce qu'il doit à l'idéalisme allemand, à la métaphysique hégélienne, car il leur doit quelque chose, en dépit de sa prétention à être une réaction contre la métaphysique. Hégel avait, en effet, avancé que « tout ce qui est rationnel est réel. » Il suffirait de retourner cette devise pour donner celle du Positivisme ; mais si tout ce qui est réel est rationnel, n'est-ce pas toujours notre raison qui est l'arbitre de la réalité des choses ? Le Positivisme voulait d'abord limiter les choses rationnelles, mais la raison, qui est envahissante, a repris ses avantages, et nous avons vu le nombre de choses, peu rationnelles, que cette doctrine a peu à peu introduites dans son immense domaine.

Il y a toujours, dans les doctrines, de ces contradictions qui déconcertent. Comment le Positivisme, qui a été une tentative rationaliste au premier chef, a-t-il pu aboutir à l'empirisme, c'est-à-dire à son contraire ? On pourrait en trouver plusieurs raisons. La première, c'est que le Positivisme voulait édifier et non détruire, et que l'idéologie aboutit toujours plutôt à la destruction qu'à l'édification. De là l'horreur que Comte avait pour le *négativisme*, et, en effet, c'était l'antipode de sa doctrine. Il faut ajouter que ceux qui mettent l'expérience au-dessus de tout croient volontiers que ce qui est fondé en expérience est fondé en raison. Or c'est là la maxime maîtresse de l'empirisme. Dès que vous posez en principe que les seuls faits et les seuls phénomènes entraînent votre croyance, vous avez beau fonder cette règle en raison, ce sont les phénomènes qui font foi, et provoquent un acquiescement qui n'a, certes, rien à voir avec la raison pure.

C'est cette tendance primitive du Positivisme qui lui a tout d'abord conquis l'empirisme anglais. Les minutieux analystes d'Outre-Manche ont de suite compris l'appoint que leur apportait la tentative antimétaphysique française. Aussi la prônèrent-ils chaleureusement, et la première analyse du système de Comte nous est venue d'un philosophe anglais. Mais il est vrai de dire que les Anglais n'en prirent que ce qui convenait à leur esprit particulier. Ils s'appliquèrent surtout à la partie méthodique du positivisme, et à la discipline qu'il imprimait aux opérations de l'esprit, laissant à Comte et à ses disciples les fantaisies du Positivisme transcendant, et les témérités d'un système qui devait plus tard devenir une religion.

Il s'ensuit qu'ils furent peut-être les seuls qui se cantonnèrent, pour ainsi dire, dans le Positivisme. Tous les positivistes français, sauf peut-être Littré, l'ont dépassé, soit en l'élargissant, soit en le systématisant jusqu'à le défigurer. Les exclusions que la doctrine avait faites dès le début diminuèrent peu à peu. Bien des choses qui avaient paru jusque-là inscientifiques ou extrascientifiques, rentrèrent dans le giron du Positivisme, et ce fut peut-être la fatalité du nom de ce système philosophique qui voulut qu'il devînt de moins en moins négatif : ainsi il lui arriva d'englober à peu près tout, et, dès qu'il eut la prétention d'être la *Science de l'Humanité*, il était difficile qu'il ne tournât pas en révélation et en religion.

Ce n'est pas qu'en s'élargissant ainsi, le Positivisme ait démérité de la science ni de la philosophie. C'est en étant inconséquent avec lui-même qu'il a le plus fructifié. Car l'essence de la science humaine étant d'arriver à tout comprendre, le domaine des choses qu'on reconnaissait d'abord comme inexplicables, se resserre fatalement de plus en plus ; et c'est surtout quand on aborde ce grand problème de l'Humanité, de son rôle, de sa destinée, de ses besoins, de ses aspirations, qu'on reconnaît combien l'esprit mathématique est insuffisant à les expliquer et à les satisfaire. Alors l'esprit s'élargit, la logique et la dialectique perdent leurs droits; on reconnaît que la tentative de tout préciser est une chimère, et qu'il est possible de donner une raison des choses sans les comprendre toutes.

Voilà comment Auguste Comte en était arrivé à ce qu'il appelait le *point de vue humain*, qui était le plus grand accroc qu'il pût donner aux notions et aux opérations communes de la logique. Le *point de vue humain* des choses, c'est la coutume, la tradition, la perpétuité des préjugés, se substituant à la raison, à l'œuvre du calcul et de l'intelligence; c'est le doux oreiller sur lequel s'abrite Montaigne. Aussi les œuvres de la raison pure, ce bel héritage qui, dans le cours des siècles, avait échappé aux préjugés de la théologie et de la métaphysique, ce magnifique résultat des efforts de mille générations, qui devait ouvrir une ère nouvelle et constituer un esprit nouveau dans le monde, tout cela devenait, aux yeux du fondateur du Positivisme, de l'*idéologie*, c'est-à-dire de la chimère. C'était la raison humaine se substituant à la raison des choses; c'était l'esprit d'inquiétude et de désordre se substituant à la hiérarchie naturelle; c'était l'homme se faisant l'arbitre des besoins de l'homme, et des constructions artificielles remplaçant l'édifice naturel.

Cette complexion d'esprit donne la clef de certaines exclusions qu'on n'a pas bien comprises dans le système de Comte. Il excluait, par exemple, l'Economie politique de la science sociale. Stuart Mill l'en blâmait beaucoup (1). Mais cette exclusion n'est qu'une conséquence naturelle du mépris de plus en plus grand d'Auguste Comte pour l'idéologie. Les économistes ne s'en tiennent pas au phénoménalisme social, ils rêvent un progrès rationnel des sociétés, et ils les révolutionneraient volontiers par amour de la logique. Comte, au contraire, est plus préoccupé du phénomène de la marche des sociétés que des moyens de les asseoir. En principe cette marche est bonne : les imperfections se corrigent d'elles-mêmes ; le progrès peut sortir d'un abîme de maux. Les économistes voient trop loin ; ils rêvent de l'âge d'or, et ne voient point ce qui est sous leurs pieds. Ils conspirent, sans le savoir, contre l'évolution naturelle. Ce sont des redresseurs, des correcteurs de la nature, conséquemment des idéologues, des gens à principes, qui, loin de constater des phénomènes et de s'en contenter, s'en affligent et les déplorent. Ils croient faire une œuvre rationnelle et ils se trompent, car ce qui est rationnel n'est pas ce qui est conforme à la raison spéculative, c'est ce qui est conforme à la marche éternelle des choses.

Voilà ce que pensait Auguste Comte, mais il n'a point vu ce que ce phénoménalisme, érigé en principe, ferait un jour de l'art, de la littérature, de la morale, de la philosophie et de la religion. Car l'on ne saurait nier que le naturalisme n'en dérive en droite ligne, et que le matérialisme n'y soit compris logiquement. Il n'y a pas jusqu'à la manière de juger des choses, la critique, qui n'en ait subi l'empreinte. Car la science étant devenue large, compréhensive, indulgente à toutes les

(1) Dans son livre *Auguste Comte et le Positivisme*.

manifestations de l'esprit, il suffisait dès lors à la critique de tout comprendre pour tout amnistier. L'homme n'était plus un principe bon ou mauvais, c'était un produit qu'on expliquait et qu'on justifiait par les influences, le milieu, l'éducation, l'atavisme. La littérature et l'art se sont, à leur tour, imprégnés de cet esprit. On se mit à dépeindre et à analyser, avec une complaisance qui devint bientôt la licence, tous les produits et les phénomènes de l'évolution sociale. Il n'y eut plus ni beau ni laid, puisque rien n'est laid de ce qui est naturel et conforme à cette évolution. Il n'y eut plus ni vices ni vertus, mais des états d'âme, c'est-à-dire des situations psychologiques conditionnées qui ne laissent aucun accès à la liberté. Mais à quoi bon parler encore d'âme ? c'est une entité métaphysique. L'homme ne se manifeste que par des instincts, des mouvements, des appétits. C'est la bête humaine, avec la jolie variété de ses mouvements réflexes, qui est intéressante et réjouissante à voir. Aussi la montre-t-on sous tous ses aspects. Elle resplendit dans les ouvrages de M. Zola. Les philosophes mêmes en subissent l'attrait. L'homme devient le « gorille lubrique » de Taine, ou le « bon gorille » de Renan, mais toujours le *gorille*, c'est-à-dire un être tantôt bon, tantôt féroce, souvent bon par intérêt et par culture, mais féroce par atavisme, à qui la raison ne sert pas pour se conduire, mais pour voir à quel point il est conduit.

Voilà les beaux fruits du Positivisme dans les arts et dans la morale ; mais cet affreux dilettantisme ne se borne pas à infecter les esprits spéculativement : il a une répercussion profonde dans un monde où jusqu'ici les doctrines n'avaient pénétré que fort imparfaitement. En prêchant l'indifférence pour le bien et le mal, que de passions et d'appétits n'a-t-il pas déchaînés et amnistiés ! Mais il a eu une autre influence néfaste en empêchant les hommes de réagir contre ces passions et cet atavisme tyranniques. Car il enlève à l'homme tout dynamisme particulier, c'est-à-dire toute force pour se conduire : il ne connaît que le dynamisme social qui englobe et emprisonne tous les êtres. Quel ressort une pareille conception laisse-t-elle à l'homme ? Si le champ des facultés humaines est ainsi borné, que pouvons-nous mieux faire que de nous confier en la Providence sociale qui doit assurer notre existence et notre bonheur ? De là le Socialisme, le Collectivisme, le Protectionnisme, le dogme de l'Etat-Providence, et tant d'autres utopies qui jettent tant de troubles dans les esprits. Le Positivisme a voulu s'arrêter à la Sociologie ; mais il a été dépassé. La vraie sociologie, dit-on, c'est le socialisme. Connaître les rouages et les besoins sociaux, c'est bien ; mais il faut les réparer et les assouvir. Votre science n'est rien si elle n'arrive à ce but.

Le Positivisme a encore contribué à exaspérer les tendances démocratiques et matérialistes par l'appât de ces conquêtes soi-disant infinies que la Science doit réaliser pour les générations présentes et futures. On croyait que plus de science devait amener plus de justice, plus de liberté, plus de fraternité, plus de bonheur. Mais en voyant, au contraire, que la Science ne fait que mettre de plus en plus en relief la prédominance du fort sur le faible, du capital sur la misère, de l'intelligence sur l'incapacité naturelle ; en démontrant que l'œuvre de la nature, à la considérer suivant nos préjugés, n'est au fond qu'une grande injustice, qu'elle est indifférente à la morale ou à l'immoralité, et qu'elle consacre, en fin de compte, une aristocratie de privilégiés que rien ne recommande à notre respect ni à notre admiration ; en constatant de telles conclusions, que pouvait faire l'esprit démocratique, sinon de demander qu'on corrigeât la nature, ou que l'on condamnât la science ? Car, si l'avènement de la démocratie est le fruit d'une évolution naturelle, il y a donc antinomie entre l'œuvre de la nature et celle de la science ; et tout le fruit de cette dernière serait de nous rendre plus mécontents et plus insatiables.

Il y aurait, sans doute, de l'injustice à attribuer tous ces résultats au seul Positivisme. Toute la philosophie du jour y aboutit par des chemins détournés. Toutes les doctrines, par exemple, qui établissent, d'une manière ou d'une autre, l'automatisme humain, conspirent à ces fins. En montrant que nous sommes dupes de tout, que la nature se joue de nous, qu'elle nous conduit sournoisement à ses fins, que le semblant de la liberté et d'intelligence qu'elle nous laisse n'est qu'un moyen d'amuser notre incurable vanité, mais que nous sommes toujours menés sans le savoir : ces doctrines achèvent de nous rendre indifférents ou hostiles à tout ce qui pourrait établir la prééminence de l'homme sur le globe. Elles paraissent donc absolument contraires au courant positiviste, mais elles aboutissent, d'un autre côté, au même but, puisqu'elles font prévaloir ce qu'il y a en nous de nécessité, de déterminé, et qu'elles font ressortir l'impitoyable tyrannie de la Nature, aussi bien que la science positiviste fait ressortir l'impitoyable tyrannie de l'Evolution et de la Sélection.

Mais les progrès du Positivisme paraissent infirmés, d'un autre côté, par certains courants intellectuels dont les symptômes ne sont invisibles que pour les esprits superficiels. Il semble que l'intelligence de plus en plus raffinée de notre siècle aime à pénétrer les choses anti-scientifiques, et à ramener à la raison bien des éléments qui paraissent jusqu'à ce jour irrationnels. De là cette curiosité pour les épopées, pour les rites, pour les œuvres impersonnelles, pour les traditions, pour les mystères. Par cette invasion, nous rétrécissons de plus en plus le champ des choses intelligibles, ou plutôt notre intelligence dégénère en une sorte de dilettantisme qui admet le nuageux aussi bien que le clair, et qui professe la maxime de Térence :

Homo sum, et nil humani a me alienum puto.

On conçoit que le Positivisme, pour qui le seul apport valable des générations était l'apport intellectuel, soit déconcerté par ces conceptions nouvelles. Mais c'est là une preuve palpable que cette doctrine ne suffit pas à satisfaire toutes nos aspirations, comme elle en a l'ambition. En l'accommodant peu à peu à nos préjugés, Comte n'y a même pas réussi. Car, contre la prétention de tout hiérarchiser, il reste toujours le libertinage humain, cette tendance à nous affranchir de toutes lisières, de toutes formules, et cette tendance est invincible. Quelque large qu'ait voulu être le Positivisme, il reste toujours que, pour n'avoir voulu voir les choses que par un seul aspect, il a fait preuve d'étroitesse d'esprit. Or c'est là ce que notre siècle finissant ne peut comprendre. Nous sommes amoureux de largeur, de vastes horizons, d'air et de liberté. Ce besoin a créé le dilettantisme scientifique moderne qui se flatte de tout comprendre, de tout justifier, de tout amnistier, et peu s'en faut de tout admirer. Auguste Comte avait eu conscience de ce besoin par ce qu'il appelait le *point de vue humain* ; mais cette vue élevée des choses, il n'avait pas tardé à la systématiser, et dès lors elle devenait aussi étroite que les autres conceptions de son système.

De cette tendance à agrandir le domaine des choses intelligibles est résulté un véritable renversement du Positivisme. En effet, s'il n'estimait et n'appréciait que la contribution intellectuelle léguée par les générations successives, nous sommes portés au contraire à apprécier surtout les apports d'un ordre purement instinctif, génial, obscur par conséquent, et antiscientifique. La fameuse échelle du progrès d'Auguste Comte est ainsi renversée. Le progrès serait en arrière, et il nous ramènerait à l'enfance du monde. Tout au moins semblerait-il que les hommes ont toujours eu, consciemment ou inconsciemment les mêmes facultés, et que peut-être ils ont été plus artistes et géniaux, l'étant inconsciemment que consciemment.

On voit quelle défiance cette complexion d'esprit provoque contre les œuvres de la science et de la raison pure, et voilà pourquoi l'esprit positiviste, exaspéré d'un côté et déçu de l'autre, aboutit au pessimisme. Mais le pessimisme n'étant qu'un refuge de désespérés, on se sauve du pessimisme par le mysticisme. Au milieu du matérialisme industriel qui nous envahit, on voit de toutes parts s'élever des apôtres qui se remettent à prêcher l'idéal perdu. La science étant une œuvre d'orgueil, d'égoïsme, de dispersion, comment ramener les hommes à cette communion de sentiments qui seule peut faire la force de l'humanité ? Que voyons-nous dans le monde ? l'anarchie intellectuelle, l'éparpillement des consciences, l'impuissance des efforts personnels, et par suite la misère augmentant avec la science, le désespoir faisant chaque jour son œuvre sinistre, le manque de solidarité et d'assistance, la violence et l'usurpation érigées en principe, et par suite la fraternité, ce ciment humain, tellement oubliée, qu'il faut la rechercher à près de deux mille ans en arrière dans les enseignements de ce maître divin oublié lui-même dans les reliques du passé ? Voilà ce qu'ont produit les désenchantements de la science, les triomphes de la force brutale, les sophismes de l'intérêt, le dédain des principes. On tâtonne donc dans les ombres de nos préjugés pour retrouver une religion, c'est-à-dire ce qui unit les hommes. Comme Auguste Comte, l'on rêve d'une humanité hiérarchisée, disciplinée, consciente de ses devoirs et de son rôle, et unissant, dans une vaste synthèse, toutes les forces morales dont elle dispose. Mais la discipline scientifique, faisant de l'homme l'arbitre des choses par la pensée, ce qui le conduit à refuser de se classer, ou bien l'esclave d'une fatalité logique, ce qui le pousse au désespoir et au détachement des choses humaines, la discipline scientifique peut-elle avoir ce bienfaisant effet ? Au contraire, l'on cherche une science qui nous prémunisse contre les décevants mirages de la science, l'on veut ce qui console le cœur et non ce qui satisfait l'esprit ; l'on aspire à trouver cette compensation que l'instinct inné de la justice suggère à tous ceux que l'inégalité dans la distribution des fruits de la science choque et révolte. Et l'on en veut au positivisme de dessécher plutôt que de féconder, d'exaspérer plutôt que de consoler, d'aristocratiser plutôt que de démocratiser, de faire des mandarins et non des chrétiens, des orgueilleux et non des humbles. De là ces singuliers renouveaux évangéliques qui ne sont pas l'un des phénomènes les moins imprévus et les moins attachants de cette fin de siècle. L'un (1) cherche le salut et l'unité dans le pur renoncement évangélique, dans la communauté des biens, dans le mépris de tous les raffinements de la civilisation, dans le travail des mains érigé en règle salutaire et fortifiante. Il ne veut plus aucune hiérarchie ni aucune entrave sociale, plus de gouvernement, plus d'administration, plus de religion officielle, plus de force armée, plus de tutelle ni de protection d'aucun genre : il prêche la révolte contre les pouvoirs établis. D'autres cherchent l'unité et le dictame social dans la charité, dans l'abolition de l'esprit dogmatique, dans le mépris des formes, et de la lettre qui a si souvent tué l'esprit. D'autres enfin les cherchent dans l'Internationalisme, dans l'abolition des barrières patriotiques, dans la puissance non encore connue du collectivisme, de la liberté absolue d'association, dans la tyrannie du nombre, qui leur paraît la seule légitime. Mais ils sont rares les esprits qui font encore miroiter aux yeux des hommes les sublimes perspectives de

(1) Tolstoï.

bonheur que donne la conquête de la science pure, *sapientium templa serena*. On est plutôt porté à chercher des abris contre la science, qu'on est disposé à s'y abriter : les abus de l'analyse ont tout desséché, les désillusions ont gâté la joie de la conquête ; et les préjugés ne nous apparaissent plus, comme ils apparaissaient à nos pères, comme les honteux refuges de l'obscurité ; nous y cherchons un remède contre les éblouissements de la science, ces éblouissements dont nos yeux ne peuvent supporter les irritantes clartés.

Une telle réaction était fatale. Car nous sommes ainsi faits que nous ne comprenons plus de science qu'avec plus de justice, plus d'égalité, plus de liberté ; et, sans ces bienfaits, cette clairvoyance que nous donne l'exercice méthodique de l'esprit devient notre martyre; nous aimons mieux nous aveugler à plaisir que de voir clairement nos misères, notre faiblesse, notre dépendance, et toutes les tyrannies qui pèsent sur nous ; et nous ne sommes pas éloignés de cette idée, qu'il est nécessaire que nous soyons dupes pour être heureux.

C'est ainsi que l'antipositivisme recueille de nombreux adhérents. L'idéologie proscrite reprend un certain empire. On ne veut plus de cette sèche science des faits qui menace de stériliser l'esprit humain. Le mysticisme gagne le terrain que perd l'empirisme. « Entre le positivisme qui s'arrête aux faits, et le mysticisme qui conduit aux superstitions, la lumière de la raison est aussi faible, aussi vacillante que jamais. Il est probablement impossible qu'elle éclaire le travail de la foule humaine ; mais que, du moins, ceux en qui elle brille, comme la lampe des soirs laborieux, se rapprochent, qu'ensemble ils avivent la flamme, qu'ils essaient de la faire briller sur des hauteurs visibles à tous les regards qui voudraient s'y diriger. » (1)

Voilà comment s'exhale le désenchantement des positivistes attardés et impénitents. Et encore sont-ce bien des positivistes ? Cette glorification de la raison individuelle, métaphysique, en présence de la raison impersonnelle, graduelle, humanitaire qui est le pivot du système de Comte, n'est-ce pas un symptôme anti-positiviste ? C'est la revendication de la raison humaine, placée entre deux écueils, celui de l'analyse à outrance, et celui du désenchantement et de la foi aveugle. Quoi qu'il en soit, nous sommes loin de l'idée que l'Humanité réalisera un jour la plus forte somme de raison possible. Le privilège de la raison éclairée sera toujours un privilège particulier : elle sera toujours un flambeau vacillant, sujet à de nombreuses éclipses, que certains hommes prédestinés feront reluire aux yeux de leurs semblables.

Mais cette caducité du Positivisme n'empêche pas qu'il n'ait implanté dans l'humanité certains états d'esprit qui en sortiront difficilement. Que de fines observations, que de recherches, que de prodiges d'analyse il a provoqués ! Que de phénomènes, que de faits laborieusement enregistrés pour l'instruction de nos descendants ! Que de fantômes évanouis ! que de

(1) *Revue de métaphysique et de morale*, organe bi-mensuel paraissant chez Hachette à Paris. — Consulter en outre *La liberté et le déterminisme*, par Fouillée, la *Science positive et métaphysique* par Liard ; la *Contingence des lois de la nature* par Boutroux, etc., etc.

prestiges dissipés ! que de satisfactions données à cet esprit d'analyse et de critique qui est souvent la torture de l'homme, mais auquel il ne peut se soustraire ! Si le Positivisme a anéanti bien de doux mirages, s'il a ôté à l'âme humaine bien des quiétudes et des consolations, s'il a démontré que la science n'est pas une école d'orgueil ni de quiétude, qu'elle n'est faite que pour nous instruire, et non pas pour nous rendre heureux, que de vastes et brillants horizons il a ouverts, d'un autre côté, à la solidarité, à la fraternité humaines ! Quel aliment n'a-t-il pas donné à notre soif de justice et d'harmonie sociale, en prédisant que la raison devait un jour réaliser l'organisation suprême de l'humanité, et que toutes nos ébauches sociales ne sont que des étapes dans la voie de la raison ! Combien sont flatteuses pour notre amour inné de la logique ces théories d'une évolution rationnelle de l'humanité, à côté de ces théories désespérantes d'une évolution sourde et aveugle ! Y a-t-il une plus belle fatalité que celle-là, si réellement nous sommes condamnés au fatalisme ? Et que nous font les écarts de la raison humaine, s'ils doivent définitivement se fondre dans une belle et grandiose harmonie ? Certes, on peut dire que le Positivisme répare, par ses vues lointaines, le mal qu'il a pu faire par ses applications directes. Mais, en montrant trop ce que la raison et la science humaines peuvent faire, il a suscité des impatiences, des révoltes ; il a fait naître des comparaisons entre l'imperfection sociale actuelle et l'idéal social qu'il fait miroiter à nos yeux. En exaltant la perfectibilité de l'organisme humain, il a provoqué des déceptions et des désillusions ; il a anéanti ces espérances de l'au-delà qui servaient aux hommes à supporter leur condition ; et finalement il a fait entrer, dans ce qu'il croyait être le sanctuaire de la raison pure, les passions les plus mauvaises que l'humanité ait connues dans sa longue et pénible carrière.

FIN.

TABLE DES MATIÈRES

Préface.. I

CHAPITRE PREMIER

Idée générale du Positivisme. — Son fondateur. — Ses tendances.. 1

CHAPITRE DEUXIÈME

Ambitions et timidités du positivisme. — Le négativisme. — L'agnosticisme. — Leur différence d'avec le positivisme. — L'évolution et la révolution. — Conception de l'histoire dans le positivisme........................ 13

CHAPITRE TROISIÈME

L'homme suivant le positivisme. — La biologie. — Le fatalisme organique. — La théorie des milieux. — Modificateurs externes, soit généraux, soit spéciaux de l'organisme. — Théorie de l'intelligence. — Stérilité de la psychologie traditionnelle, suivant le positivisme...... 23

CHAPITRE QUATRIÈME

La psychologie positive. — De générale cette science devient particulière. — L'homme est un produit. — Le génie est une névrose. — Hippolyte Taine. — Origines du positivisme anglais. — Psychologie de Stuart Mill.... 28

CHAPITRE CINQUIÈME

La psychologie suivant Taine. — L'abstraction. — La raison explicative des choses. — La métaphysique positiviste.. 46

CHAPITRE SIXIÈME

Le positivisme agnostique. — Herbert Spencer. — La Théorie de l' "Inconnaissable". — Relativité de la connaissance... 63

CHAPITRE SEPTIÈME

Suite de la philosophie d'Herbert Spencer. — Le Connaissable. — Métaphysique et physique d'Herbert Spencer. — Le principe de l'individuation. — Le principe de l'évolution. — La loi de Baër. — Principes de psychologie.   71

CHAPITRE HUITIÈME

Une nouvelle face du positivisme. — Ernest Renan. — La compréhension universelle. — L'avenir de la science humaine. — Le dilettantisme positiviste. — Le "devenir" positiviste.. 82

CHAPITRE NEUVIÈME

La morale positive. — Stuart Mill. — Littré. — Herbert Spencer. — L'égoïsme et l'altruisme. — La Morale évolutive.. 93

CHAPITRE DIXIÈME

La Sociologie comme couronnement de la Science positiviste. — Prodromes de la Sociologie. — La Sociologie d'Auguste Comte. — La Sociologie d'Herbert Spencer.   131

CHAPITRE ONZIÈME

La politique positiviste. — Les leviers sociaux. — La guerre et la paix. — Les différentes conceptions de la Souveraineté. — L'évolution gouvernementale............   159

CHAPITRE DOUZIÈME

La Religion positiviste. — Le culte de l'Humanité. — Le Droit et l'Obligation. — Condamnation de l'individualisme.. 174

CHAPITRE TREIZIÈME

Conquêtes fécondes et déchets du Positivisme. — Positivistes infidèles. — Courants contraires à la thèse positiviste. — La philosophie de l'Inconscient. — Le Réalisme dans la Littérature et dans les Arts. — Le Socialisme et la Sociologie. — La démocratie et l'aristocratie positiviste. — Le mysticisme renaissant. — Le Tolstoïsme et ses dérivés. — Symptômes d'un nouvel état religieux. — L'idéalisme positiviste. — Conclusion................. 187

IMPRIMERIE
Vᵉ TAVERNIER et FILS
VITRY-LE-FRANÇOIS

www.ingramcontent.com/pod-product-compliance
Lightning Source LLC
Chambersburg PA
CBHW051904160426
43198CB00012B/1737